Gustav Wustmann

Der Leipziger Baumeister Hieronymus Lotter

Gustav Wustmann

Der Leipziger Baumeister Hieronymus Lotter

ISBN/EAN: 9783743315693

Hergestellt in Europa, USA, Kanada, Australien, Japan

Cover: Foto ©ninafisch / pixelio.de

Manufactured and distributed by brebook publishing software (www.brebook.com)

Gustav Wustmann

Der Leipziger Baumeister Hieronymus Lotter

DER LEIPZIGER BAUMEISTER

HIERONYMUS LOTTER

1497 – 1580.

EIN BEITRAG
ZUR GESCHICHTE LEIPZIGS UND DER DEUTSCHEN RENAISSANCE.

VON

Dr. GUSTAV WUSTMANN,
Lehrer am Nicolaigymnasium und Secretär der Stadtbibliothek in Leipzig.

LEIPZIG 1875.
VERLAG VON E. A. SEEMANN.

Vorwort.

Die nachfolgende Arbeit war beflimmt, dem diesjährigen Ofterprogramm des hiefigen Nicolaigymnafiums als Abhandlung beigegeben zu werden. Da fie aber den dort zugemeffenen Raum beträchtlich überfchritt, fo konnte nur etwa die Hälfte derfelben zum Abdrucke gelangen; das Ganze zu geben, mufste einer befonderen Schrift vorbehalten bleiben.

Die nächfte Veranlaffung zu der hier verfuchten Zufammenftellung von Nachrichten über das Leben des Leipziger Baumeifters Hieronymus Lotter bot W. Lübke's »Gefchichte der deutfchen Renaiffance«, die bei ihrem Erfcheinen vor zwei Jahren fo allgemeine Freude und Bewunderung hervorrief, aber auch zugleich die Ueberzeugung erweckte, dafs trotz der ftaunenswerthen Fülle von Material, welche Lübke zufammengebracht hatte, doch das Arbeitsfeld damit nicht erfchöpft, fondern erft recht erfchloffen fei. Zu der in Lübke's Buche befindlichen Darftellung der Leipziger Renaiffance (S. 800—809) möchte denn auch die vorliegende Schrift einige Beiträge liefern. Ich bitte, dafs fie eben fo gern angenommen werden, wie ich mich freue, fie darbieten zu können.

Wider Willen ift übrigens meine Arbeit zu dem geworden, was man »zeitgemäfs« zu nennen pflegt. Vor einigen Monaten ift die Frage wegen Abbruch und Neubau des Leipziger Rathhaufes, die feit länger als zehn Jahren geruht hatte und die, wie die Dinge bisher in Leipzig lagen, für jeden Kunftfreund etwas beängftigendes hat, wieder energifch in den Vordergrund gerückt worden, und ebenfo ift das nicht zu hindernde Verftümmelungs- und Zerftörungswerk, welches fchon in den letzten Jahrzehnten zu verfchiedenen Malen an der Pleifsenburg verübt worden ift, feit einigen Wochen wieder in vollem Gange. Als ich vorigen Sommer die noch erhaltenen Acten über Lotter durchfah, konnte ich nicht vorausfehen, dafs die Exiftenz von Lotter's beiden bedeutendften Leipziger Bauwerken wenige Monate fpäter in Frage geftellt werden würde. Diefe unerwartet eingetretenen Thatfachen in Verbindung mit mancherlei fonftigen Beobachtungen, die fich mir feit Jahren aufgedrängt haben, find auch Schuld daran, dafs mir die Einleitung unter der Hand ein wenig zum *prologus galeatus* geworden ift. Ich will durchaus nicht fagen, dafs ich über diefen letzteren Umftand die geringfte Reue empfände. Im Gegentheil, ich würde mich freuen, wenn die paar Proben, welche ich von dem Verhältnifs oder vielleicht richtiger Nichtverhältnifs der Stadt Leipzig zur bildenden Kunft angeführt habe, und die ich mit leichter Mühe hätte verzehnfachen können, den einen oder andern, der bisher gedankenlos an folchen Fragen vorübergegangen, etwas aufmerkfam machen und zu weiterem Nachdenken anregen follten. Wir haben in diefem Punkte in Leipzig viel verfäumt; das Verfäumte nachzuholen wird es uns in der nächften Zeit wohl nicht an Gelegenheit fehlen.

Leipzig, im März 1875.   G. W.

I.

Einleitung.

Leipzigs Baugeschichte hat nur zwei Perioden aufzuweisen, die ein einheitliches Stilgepräge an sich tragen und Anspruch auf eine gewisse Beachtung in der Kunstgeschichte haben. Das eine ist die Periode der eigentlichen Renaissance von etwa 1520 bis zum Ausbruche des dreifsigjährigen Krieges. So lange der Krieg währte, stockte die Bauthätigkeit fast vollständig, und auch in den ersten Jahrzehnten nach dem Friedensschlusse wurde nur wenig gebaut. Als die Stadt aber von den Drangsalen des Krieges sich erholt hatte und nun aufs neue die Bauthätigkeit begann, da knüpfte man nur noch theilweise da wieder an, wo man ein halbes Jahrhundert früher abgebrochen hatte; die Bauweise war inzwischen durch italienische Einflüsse in ganz Deutschland eine wesentlich andere geworden, und es folgt nun die Periode der Barock- und Rococoarchitektur bis gegen die Mitte des 18. Jahrhunderts.

Die architektonische Erscheinung des alten Leipzigs in der innern Stadt wird noch heute zum Theil durch die Schöpfungen dieser beiden Perioden bestimmt, obgleich die gewinnsüchtige, alles nivellirende Gegenwart Jahr für Jahr einzelne Denkmäler jener alten Zeit entweder rücksichtslos zu Falle bringt oder durch allerlei angeklebten modischen Zierrat den Schein der Jugend ihnen aufzulugen sucht. Stattliche Barockfaçaden aus dem 18. Jahrhundert zeigt z. B. die Katharinenstrafse noch heute eine dicht neben der andern, leider gewöhnlich da, wo ihre Ornamentik am schwungvollsten sich entfaltet, durch aufdringlich breitspurige Aushängeschilder verdeckt; malerischen, mit Stuck oder Holzschnitzerei verzierten Erkern aus dem Ende des 17. Jahrhunderts begegnet man namentlich in der nördlichen Hälfte der innern Stadt noch in mehreren Strafsen; und blickt man vollends in's 16. Jahrhundert zurück, wer vermöchte sich Leipzig, auch wenn er die Stadt nur ein einziges mal gesehen, ohne seinen mächtigen Pleifsenthurm und sein giebelbekröntes Rathhaus vorzustellen? Es ist, als ob diese Bauten unzertrennlich mit der ganzen Physiognomie der Stadt verwachsen wären.

Künstlerisch werthvoll freilich ist selbst unter den Bauten dieser Perioden verhältnifsmäfsig nur weniges zu nennen. Leipzig ist ja nie eine Kunststadt gewesen in dem Sinne, wie es Braunschweig, Nürnberg und Augsburg waren, und nach menschlicher Berechnung wird auch noch lange Zeit vergehen, ehe es eine werden wird in dem Sinne, wie Berlin und Stuttgart es geworden sind. Ein gewisser Mangel an Sinn und Verständnifs für die bildenden Künste ist in Leipzig — in seltsamem Mifsverhältnifs zu der sonstigen vielseitigen Bedeutung der Stadt — seit Jahrhunderten traditionell und wird auch schwerlich so bald zu beseitigen sein. Zu jenem edlen künstlerischen Luxus, der im Laufe des 16. und 17. Jahrhunderts selbst in zahlreichen kleineren deutschen Städten so herrliche Denkmäler bürgerlichen Gemeinsinnes geschaffen, hat sich der in starker Einseitigkeit entwickelte haushälterische und rechnende Sinn der Leipziger Bürgerschaft, der immer nur das Nothwendige und Zweckmäfsige im Auge hat, nie emporschwingen können. Möglich, dafs die zahlreichen Kriegsdrangsale, die gerade Leipzig bei seiner exponirten Lage bis in neuere Zeit zu erdulden hatte, und an die noch vor zwei Jahrzehnten das »grüne Buch« jeden Einwohner der Stadt mahnte, dazu beitrugen, die Sparsamkeit zur Haupttugend der städtischen Verwaltung zu machen, so dafs auch in besseren Zeiten der Schritt über das nackte Bedürfniss hinaus zu festlichem Schmucke und künstlerischer Zier nur zögernd gewagt wurde.

Im Jahre 1556 wurde das Leipziger Rathhaus gebaut. Der Chronist, der über den Bau berichtet, spricht nicht mit einer Silbe von der künstlerischen Beschaffenheit des Bauwerkes; aber mit heller Freude berichtet er, dafs, noch ehe das ganze Haus vollendet war, die Gewölbe im Erdgeschofs so weit fertig waren, dafs man sie hat »im folgenden Michaelis Marckt schon vermiethen und nützen können«. Dieses »nützen können« ist nur zu oft der oberste und bisweilen sogar der einzige leitende Gesichtspunkt bei den öffentlichen Bauten Leipzigs gewesen. Die Leipziger Kaufmannschaft hielt, wie die Acten des Rathsarchivs erzählen, noch im Jahre 1682 ihre Zusammenkünfte unter freiem Himmel ab; nur zu Messenszeiten wurde eine hölzerne Bude für sie gebaut, die aber nach der Messe jedesmal sofort wieder abgebrochen wurde. Als für die Stadt aus solch unwürdigem Zustande »nicht geringe Verkleinerung und Verachtung bey fremden und aufswertigen Kauffleuten« entstand, entschlofs sich endlich der Rath im Jahre 1680, eine »so genandte Börsche« zu erbauen, aber auch nur erst dann, als er »nach fleifsiger Berathschlagung ein solch Mittel gefunden«, dafs das auf den Bau zu verwendende Capital »sich ziemlich ver*interessiren*« könnte, nämlich »durch anlegung etlicher Gewölber«. Diese übertrieben ökonomische, spiefsbürgerliche Gesinnung, die niemals fragt: Wie baust du schön und deiner würdig? sondern immer nur: Wie baust du wohlfeil? sie ist im 16. und 17. Jahrhundert in Leipzig die herrschende gewesen und ist auch heutiges Tages noch nicht völlig verdrängt. Und da der Staat in diesem Punkte mit der Stadtgemeinde fast immer einträchtig Hand in Hand

gegangen ift und, wie feine letzten Univerfitätsbauten beweifen, neuerdings darin
die Stadt fogar zu überbieten fucht, fo fteht man nun der wunderbaren Erfcheinung gegenüber, dafs eine Stadt, die als Stätte regen Gewerbfleifses und
blühenden Handels eine halbtaufendjährige Vergangenheit hinter fich hat, die
durch ihre Univerfität feit mehr als vierhundert Jahren zu den Hauptfitzen
deutfcher Wiffenfchaft gehört, die, seitdem zu Anfange des 17. Jahrhunderts
die Gefangfchule der Thomana erblühte, auch zu den eifrigften Pflegerinnen
der Mufik zählt, und die feit den Tagen Gottfcheds und der Neuberin ein
nie erkaltendes Intereffe für die Schaufpielkunft an den Tag gelegt hat, bis
auf den heutigen Tag es zu keinem monumentalen Bauwerke von wirklich
hervorragender künftlerifcher Bedeutung hat bringen können. Bis zum Ueber-
drufs ift in den letzten Jahren das Wort wiederholt worden, Leipzig fei eine
»werdende Grofsstadt«. Die einzige eben erwähnte Thatfache würde hinreichen,
diefen Wahn zu zerftören. Der Charakter der Grofsftadt offenbart fich vor
allem auch darin, dafs die Stadt als folche — nicht eine gröfsere oder kleinere
Anzahl von Kunftfreunden, die fich ja am Ende überall zufammenfinden —
über jenen wirthfchaftlichen Irrthum hinaus ift, der in der liberalen Förderung
der Kunft nur Opfer fieht und keine fruchtbringende Ausfaat, dafs fie die
Kunftpflege als eine ehrenvolle und unerläfsliche Pflicht betrachtet und keine
Gelegenheit vorübergehen läfst, bei der Aufführung öffentlicher Bauten die
Kunft heranzuziehen und durch würdige Aufgaben zu heben. Leipzig hat fich
in diefem Punkte bis in die jüngfte Gegenwart herein recht eigentlich klein-
ftädtifch gezeigt.

Was künftlerifch hervorragendes in alter und neuer Zeit in Leipzig geleiftet worden ift, das ift entweder Privaten zu danken gewefen, oder die Anregung dazu ift von Privaten ausgegangen, und zwar eine fo energifche und
handgreifliche Anregung, dafs die Stadt — nicht aus Kunftfinn, fondern um
ihres pecuniären Vortheils willen — ihr fchlechterdings nicht ausweichen
konnte, oder es ift endlich gar mit Unterftützung des Landes gefchaffen worden.
Ohne die Initiative zweier kunftfinniger Bürger, die zur Erbauung eines Mufeums und eines Theaters namhafte Summen ausgefetzt, aber die Verfügung
darüber an die Bedingung geknüpft hatten, dafs bis zu einem gewiffen Tage
der Grundftein zu jenen Gebäuden gelegt fein müffe, befäfse Leipzig wahrfcheinlich noch heute kein Mufeum, und das jetzige »alte« Theater würde vielleicht noch immer das einzige fein. Für die Fresken, mit denen Theodor
Groffe die Loggia des Mufeums gefchmückt hat, find die Koften zur Hälfte
von dem Leipziger Kunftverein, zur Hälfte von der fächfifchen Regierung getragen worden; die Stadt als Stadt hat keinen Theil daran. Und ähnlich war
es auch in früheren Jahrhunderten. Die kleine »Börfe« von 1683, mit der
übrigens die Leipziger Kaufmannfchaft fich heute noch begnügt, obgleich ihr
auch jetzt wiederum »nicht geringe Verkleinerung und Verachtung bey fremden
und aufswertigen Kaufleuten« darob erwächft, wurde von 1683—1687 von
dem Leipziger Maler Heinrich Am Ende mit Deckengemälden gefchmückt, fur
die dem Künftler 1000 Thaler gezahlt wurden. Aber nicht die Stadt hatte den

Auftrag zu diefem Schmucke gegeben, fondern zwölf Leipziger Kaufleute brachten die Summe auf. Die glänzendften Leiftungen der Leipziger Barockarchitektur find das Romanus'fche Haus am Brühl und die drei Hohmann'fchen Häufer am Markte, auf der Katharinen- und auf der Peterftrafse, die Perle der Renaiffancebauten das von Doctor Georg Rothe erbaute fogenannte »Fürftenhaus« auf der grimmaifchen Strafse, alfo fämmtlich Privatbauten; die Stadt als Stadt hat diefen Bauwerken nichts an die Seite zu fetzen.

Die Leipziger Renaiffancearchitektur ift im 16. und 17. Jahrhundert nie recht aus der mittelalterlichen Bauweife herausgekommen. Innerhalb derfelben einen einigermafsen regelmäfsigen Entwicklungsgang nachzuweifen, ift kaum möglich. Beifpiele noch unklarer, phantaftifcher Frührenaiffance, wie jene feltfame Säule in einem Zimmer im erften Stock des alten Amthaufes (1554), ftehen faft gleichzeitig neben ftrenger antikifirenden Bildungen, z. B. dem Portal des Rathhaufes (1556); dicht daneben machen fich aber auch fchon barocke Elemente, wie das Cartouchenwerk und die der Metalltechnik entlehnten fcharfrandigen Schmuckformen an den Kaminen deffelben Rathhaufes (1557) geltend. Was das Material betrifft, fo kennt auch das 16. und 17. Jahrhundert in Leipzig nur verputzte Backfteinbauten. Fenfter- und Thüreinfaffungen, Säulen und Pilafter, Simfe und Friefe wurden jedoch in der Regel aus dem fchönen rothen Stein gearbeitet, der fchon feit dem zehnten Jahrhundert füdöftlich von Leipzig bei Rochlitz an der Mulde gebrochen wird; »ftehet wohl im Wetter, hält im Brande, und währet im Waffer« rühmt eine alte Bergchronik von ihm. Heute ift freilich alles in ein fchwarzgraues Einerlei gehüllt oder, was faft noch mehr zu beklagen ift, mit Tünche oder Oelfarbe überkleidet. Doch zeigen einzelne Neubauten, bei denen der Rochlitzer Stein nach längerer Vernachläffigung in letzter Zeit wieder öfter verwendet worden ift, zu welcher hübfchen polychromen Wirkung er fich mit Putz oder gewöhnlichem Sandftein verbinden läfst. Ueber die Bauformen ift im Allgemeinen nicht viel zu fagen. Die hohen, aus der mittelalterlichen Bauweife ftammenden Giebel pflanzen fich in Leipzig bis an das Ende des 17. Jahrhunderts fort, und felbft an dem einzigen Haufe, welches ein durchgeführtes Beifpiel bewufster, abfichtsvoller Renaiffance zeigt, infofern es einmal die drei antiken Säulenordnungen, wenn auch in nicht eben fchöner Detailbildung, zur Verwendung bringt, an dem wahrfcheinlich um 1660 erbauten »Deutrich'fchen Hofe« (Nicolaiftrafse 47) ift die Grundform der mittelalterlichen Giebelfaçade beibehalten. Häufig findet man kleinere Giebel an den der Strafse zugekehrten Langfeiten der Häufer zu zweien oder dreien vor das Dach gefetzt. Die Thüren zeigen durchweg den Rundbogen, die Fenfter immer geraden Sturz. Ornamentik ift überall äufserft fparfam verwendet, an vielen Häufern findet fich kaum eine Spur davon. Ein Übriges mufs man es fchon nennen, wenn der Sims mit einem Zahnfchnitt, die Fenfterumrahmungen in ihrer oberen Hälfte mit den aus der Gothik herübergenommenen Hohlkehlen und Rundftäben gefchmückt find; bisweilen fehlt felbft dies. Eine verhältnifsmäfsig reichere und manichfaltigere Behandlung ift nur den Thüren zu Theil geworden. Der einfachfte Fall ift der, dafs die

LEIPZIGER RENAISSANCEARCHITEKTUR.

Wölbſteine des Thürbogens umrahmt und in der Füllung mit vertieften Ornamenten verſehen find. Eine höchſt primitive Verzierung dieſer Art zeigt ein Thor am Gewandhauſe an der Hoffeite; hier find abwechſelnd Ringel und kleine Vierecke mit Diagonalen ziemlich roh in die Füllungen eingehauen. Häufig finden fich ſtatt deſſen kleine rundbogenfenſterartige Vertiefungen, je zwei oder drei an einem Steine, ſo am Polizeigebäude (Nafchmarkt 2) und an der alten Nicolaifchule, bisweilen auch abwechſelnd mit Sternen, wie an einer Thür der zur Nicolaikirche gehörigen Predigerhäuſer (Nicolaikirchhof 9). Ein zweite Thür an letztgenannter Stelle zeigt eine ſehr anſprechend durch Facetten, Zahnſchnitt und Conſölchen gegliederte Laibung. Vereinzelt erſcheint die Archivolte auch mit mannichfachem Flachornament geſchmückt, einfach und überdies

Thomaskirchhof 7.   kl. Fleiſchergaſſe 19.

ſtark verwittert an den drei Thüren des Polizeigebäudes auf der Reichſtraſse (1578), in complicirterer Bildung und gut erhalten an zwei kleinen Privathäuſern (kl. Fleiſchergaſſe 19 und Preuſsergäfschen 12). Das Motiv der letztgenannten Thür kehrt mit geringen Abweichungen an der Todtengräberwohnung des alten Friedhofes (1668) wieder. In einem Falle iſt dadurch, daſs die Wölbſteine abwechſelnd durch Flachornament und Löwenköpfe verziert find, der Schluſsſtein überdies durch einen Löwenkopf mit einem Ringe im Maule, (»Bärmann's Hof«, Hainſtraſse 22) faſt eine reich zu nennende Wirkung erzielt. Die Seitenwände der Thüren find öfter zu Niſchen vertieft, die oben mit einer Muſchelwölbung ſchlieſsen und an denen unten ein kreisrunder Sitzſtein vorſpringt oder wenigſtens in früherer Zeit vorſprang. An den Predigerhäuſern der Thomaskirche (1583) find die Wölbſteine der Thüren umrahmt und mit je einer Facette gefüllt; die Thurgewände aber find von canellirten Pfeilern eingefafst, die wiederum auf facettirten Bafen ftehen und einen kleinen leergelaffenen Giebel aufnehmen. Die in ähnlicher Weife, aber einfacher behandelte Thür am Thomaskirchthurm (1537) hat unter dem Giebel noch einen triglyphirten Fries. In jeder Beziehung ein Unicum innerhalb der Leipziger Architektur ift eine kleine, von Halbfäulen eingefafste Thür mit Korbbogen (Thomaskirchhof 7).

Preufsergäfschen 12.

Die Säulen erfcheinen wie mit Ringen oder Bändern an der Wand befeftigt, die jedoch zu weit von einander abftehen, als dafs man etwa an misverftandne Ruftica denken könnte; der Bogen ift mit derb profilirten Facetten, der daruberliegende Sims mit einem Eierftab verfehen. Die Giebel find an den Schmal- wie an den Langfeiten der Häufer in der Regel vertical durch lifenenartige Streifen oder kleine Pilafter, horizontal durch fchmale Simfe gegliedert; die einzelnen ftufenartigen Abfätze werden durch Voluten eingefafst und von kleinen Poftamenten flankirt, welche entweder Kugeln, Granaten oder ähnliche Bekrönungen tragen. Derartige Giebel, jetzt fchmählich verftümmelt, hatte früher z. B. auch »Auerbach's Hof« und das Eckhaus des Marktes und der Peterftrafse (Markt 16) aufzuweifen. Von gemalten Façaden ift nur eine einzige Spur erhalten. Auf einem Stiche vom Jahre 1593, der die Hinrichtung von vier Rädelsfuhrern des Leipziger Calviniftenaufruhrs auf dem Marktplatze darftellt, zeigt das zweite Haus links vom Salzgäfschen (jetzt Markt 2) unter jeder Fenfterreihe der drei oberen Stockwerke einen gemalten Fries. Höchft feltfam ift überdies der Gegenftand der Darftellung. Sämmtliche drei Friesftreifen enthalten nämlich weiter nichts, als lauter — Hafen, in allen möglichen Stellungen, fpringende, kauernde, paarweife tanzende, und einer von ihnen ift fogar unverkennbar als flötefpielend dargeftellt. Was es mit diefem »Hafenhaufe« für eine Bewandnifs hatte, darüber wird fich vielleicht im weitern Verlaufe der Darftellung noch eine Vermuthung äufsern laffen.

Verfucht man, über dasjenige, was die Gebäude felbft durch ihre äufsere Erfcheinung erzählen, hinauszugehen, die Zeit und die näheren Umftände ihrer Erbauung oder gar die Perfon des Baumeifters feftzuftellen, fo ftöfst man

BAUGESCHICHTLICHE QUELLEN. 7

überall auf grofse Schwierigkeiten. Zwar fehlt es in den landläufigen alten
Druckwerken zur Gefchichte Leipzigs, wie *D. Priferi Lipsia* (verfafst c. 1580, ver-
öffentlicht 1689), T. Heydenreich's Leipzigifcher Cronicke (1635), L. Z. Schneider's *Chronicon Lipsicnse* (1655), J. J. Vogel's unvollendet gebliebener Leipziger
Chronicke (1699) und deffelben Verfaffers Leipzigifchem Gefchicht-Buch (1714),
nicht ganz an baugefchichtlichen Notizen; einzelne Angaben kehren fogar mit
geringen Abweichungen in allen den genannten Schriften wieder, und von da
find fie dann auch unbefehen in neuere Werke, wie F. G. Leonhardi's Gefchichte und Befchreibung Leipzigs (1799) und K. Grofse's Gefchichte der Stadt
Leipzig (1839—42) übergegangen. Aber diefe Angaben erftrecken fich fämmtlich auf öffentliche Gebäude. Von kunftgefchichtlichem Intereffe findet fich ja
bei den alten Chroniften keine Spur; halten fie es für der Mühe werth, das Er-
bauungsjahr eines Haufes anzugeben, fo gefchieht es, weil das Haus vom
Landesherrn oder vom Rathe erbaut war und irgend welche Bedeutung für
die Gemeinde hatte. Das einzige Privathaus Leipzigs, welches in den Schriften
zur Leipziger Localgefchichte aus dem 17. und 18. Jahrhundert überall erwähnt
wird, ift ein künftlerifch völlig werthlofer Bau — »Auerbach's Hof«. Lange
zuvor, ehe durch Goethe's »Fauft« Leipzig als ein »Klein-Paris« gepriefen und
der Auerbach'fche Keller zu einer Weltberühmtheit erhoben wurde, haben
fchon die Leipziger Chroniften »Auerbach's Hof« als Sammelpunkt des Leipziger Mefsverkehrs und als »Klein-Leipzig« gefeiert. Nach wirklich kunftge-
fchichtlich intereffanten Privathäufern aber, wie dem »Fürftenhaufe« oder »Deutrich's Hof« fieht man fich in den Chroniken in der Regel vergebens um.
Leider fehlt es aber auch an archivalifchen Quellen, die diefe Lücken ausfüllen
könnten. Die Bauacten des Leipziger Rathsarchivs reichen nicht weiter zurück
als bis zur Mitte des 17. Jahrhunderts, und auch bis dahin nur höchft lückenhaft.
Einigermafsen erfetzt wird das Fehlende durch die früher im Rathsarchiv, jetzt im
Archiv des k. Bezirksgerichts aufbewahrten alten »Handels- und Viertelsbücher«,
die Vorläufer der fpäteren Hypothekenbücher, von denen die erfteren von 1848
lückenlos zurückreichen bis zum Jahre 1489, und in denen über alle von Gericht gefchloffenen Grundftücks-Käufe und Verkäufe Protokoll geführt ift. Mit
Hilfe diefer Protokolle gelingt es bisweilen, das Datum der Erbauung eines
Haufes wenigftens annähernd zu beftimmen; wenn nämlich der Preis des Grund-
ftückes von einem Verkauf bis zum nächften in auffälliger Weife geftiegen ift,
fo kann man mit Beftimmtheit annehmen, dafs in der Zwifchenzeit ein Neubau
erfolgt fein mufs. Leider hat aber nur in den erft c. 1650 angelegten »Viertels-
büchern« jedes Haus fein eignes Folio; die »Handelsbücher« find reine Tagebücher;
hier gilt es mit unfäglicher Mühe von einem Verkauf zum nächftvorhergehen-
den fich zurückzufinden. Beffer ift man mit den öffentlichen Gebäuden daran.
Für diefe läfst fich zur Noth mit Hilfe der alten Druckwerke eine kleine Bau-
chronik aufftellen, die zwar auch nicht lücken- und fehlerlos ift, aber doch für
weitere Nachforfchungen die erften Anhaltepunkte bietet. Mehr als die Jahreszahl darf man freilich auch hier gewöhnlich nicht erwarten. Zu Befchreibungen
eines Haufes finden fich nur die roheften und äufserlichften Anfätze. Wenn

der Chronift berichtet hat, wie viel Fenfter und Schornfteine man an einem Haufe zähle, fo ift feinem defcriptiven Bedürfnifs vollauf Genüge gefchehen. Verfteigt fich ein phantafievollerer Perieget einmal zu etwas höherem und verfucht womöglich gar eine poetifche Schilderung Leipzigs und feiner Bauwerke zu geben, fo gefchieht es nach der Gefchmacklofigkeit der Zeit in fchwülftigen Tiraden, in denen zu mehrerem Aufputz die ganze Kunftgefchichte geplündert wird, aus denen man aber nicht das mindefte Thatfächliche entnehmen kann. So fingt Halander (Salzmann) in feiner »Unfchätzbarkeit des Galanten Leipzig« über die Sculpturen und Malereien der Leipziger »Börfe«:

> Hat difs *Bernin* gehaun? Hat *Zeuxes* difs geriffen?
> Hat Kranachs Pinfel difs, Rauchmüller jens gemacht?
> Ward difs noch von *Apell* ans Tage-Licht gebracht?
> Läfst hier *Praxiteles* die raren Farben flieffen?
> Unfchätzbre Schilderey, woran kein Moder hafft,
> Und kein Verhängnifs nagt. Gerühmte Kauffmannfchafft!

Eine Nachricht ift es aber, die in allen gedruckten Quellenwerken zur Leipziger Localgefchichte, auch in denen, welche fonft die dürftigften baugefchichtlichen Notizen enthalten, immer wiederkehrt: die Angabe, dafs im Jahre 1556 von dem Baumeifter Hieronymus Lotter, der in demfelben Jahre auch Bürgermeifter von Leipzig war, das Leipziger Rathhaus erbaut worden fei. Es ift dies zugleich der einzige Fall, dafs bei Erwähnung eines Gebäudes ftets auch der Baumeifter mit genannt wird. Schon hieraus und noch mehr aus der Art und Weife, wie er genannt wird — Schneider rühmt ihn z. B. als »einen in der *Architectur* und Baukunft wolerfahrnen und geübten Mann« — geht hervor, dafs Lotter in feinem Fache entfchieden eine hervorragende Stelle eingenommen haben mufs. Und fieht man fich nach weiteren Nachrichten über ihn um, fo wird diefe Annahme auch vollkommen beftätigt. Hieronymus Lotter hat, wenn man Kleines mit Grofsem vergleichen darf, für Leipzig eine ähnliche Bedeutung, wie fie im weiteren Verlaufe der Renaiffancearchitektur etwa Elias Holl für Augsburg, Heinrich Schickhardt für Stuttgart gehabt hat. Er ift der einzige grofse Baumeifter, den Leipzig während des ganzen 16. und 17. Jahrhunderts aufzuweifen hat, und vergleicht man mit feinen Bauwerken die Leipziger Architektur des 18. und 19. Jahrhunderts, fo kann man fogar noch weiter gehen und ihn mit Fug und Recht den »Baumeifter von Leipzig« κατ' ἐξοχήν nennen. So erfcheint es denn vielleicht nicht überflüffig, die Nachrichten, die über das Leben und die Thätigkeit diefes Mannes noch erhalten find, zu einem kleinen Gefammtbilde zu verarbeiten. Nachrichten über das Leben deutfcher Baumeifter find ohnehin bis jetzt noch fehr wenige gefammelt, und wenn auch Lotter bei weitem nicht der Gröfsten einer war, wenn er auch in dem weiteren Rahmen einer Gefchichte der deutfchen Renaiffance nur einen befcheidenen Platz beanfpruchen kann, fo verdient er es doch fchon um der Bedeutung willen, die er für Leipzig gehabt hat, dafs fein Name — und als blofser Name figurirt er thatfächlich in der Kunftgefchichte wie in der Leipziger Localgefchichte — wieder Geftalt und Leben gewinnt.

ARCHIVALISCHE QUELLEN.

Die nachfolgende Darftellung von Lotter's Leben ift, abgefehen von einigen wenigen Notizen, die ein glücklicher Zufall aus ziemlich entlegenen Druckwerken, in denen fie niemand vermuthen würde, zur Stelle fchaffte, durchgängig aus bisher unbenutztem archivalifchem Material gefchöpft. In den reichen Schätzen des k. Hauptftaatsarchivs und des damit verbundenen Finanzarchivs in Dresden fanden fich nach und nach in neunzehn verfchiedenen Actenbänden gegen drittehalb hundert Briefe vor, welche von Kurfürft Moritz, Kurfürft Auguft und Kurfürftin Anna an Hieronymus Lotter oder von diefem an die beiden zuletztgenannten fürftlichen Perfonen gerichtet find und welche die Zeit von 1551—1579 umfaffen. Der gröfste Theil von ihnen bezieht fich auf den von Lotter geleiteten Bau der Auguftusburg, eine kleinere Anzahl auf die Leipziger Schlofs- und Feftungsbauten, der Reft betrifft Privatangelegenheiten. Diefer reiche Briefwechfel bildet namentlich für die zweite Hälfte der nachfolgenden Darftellung die hauptfächlichfte Grundlage. Eine Reihe willkommener Beiträge zur Kenntnifs von Lotter's Privatleben konnte aufserdem aus den fchon erwähnten Leipziger »Handelsbüchern« gefchöpft werden. Eine Ausficht auf weitere Nachrichten derfelben Art eröffnete fich durch eine Mittheilung aus dem k. Archiv in Nürnberg, wurde aber leider durch nachträglich auftauchende Hinderniffe wieder verkümmert. Das Leipziger Rathsarchiv, welches bei einer Arbeit wie der vorliegenden fich am ergiebigften erweifen follte, geniefst, Dank der beifpiellofen Gleichgiltigkeit, mit der man hier in früherer Zeit die alten Acten vernichtet hat, die traurige Auszeichnung, zu dem Leben des gröfsten Leipziger Baumeifters auch nicht die geringfte Notiz beifteuern zu können.

II.

Von Nürnberg nach Leipzig.

Der Name Lotter fpielt in der Gefchichte Leipzigs während des 16. Jahrhunderts eine hervorragende Rolle. Von etwa 1520 an bis gegen den Ausgang des Jahrhunderts kann man faft keinen Band der Leipziger »Handelsbücher« zur Hand nehmen, worin die Lotter einem nicht wiederholt begegneten. Doch hat man zwifchen zwei Gefchlechtern diefes Namens zu fcheiden, die, wie es scheint, in keinerlei verwandtschaftlichen Beziehungen zu einander standen: zwischen der älteren Familie Melchior Lotter's und der jüngeren Hieronymus Lotter's. Aber wenn auch kein äusserliches Band zwischen beiden nachzuweisen ist, an geistiger Verwandtschaft fehlte es nicht: beider Name ist unzertrennlich mit der Geschichte der Renaissance in Leipzig verknüpft. Melchior Lotter war der berühmte Leipziger Buchdrucker, der sich von 1497 bis 1518 namentlich durch die Herausgabe griechischer und römischer Schriftsteller (Aristoteles, Plutarch — Plautus, Cicero, Horaz, Persius, Valerius Maximus, Tacitus) verdient machte und so durch die Wiedererschliessung der Schätze des classischen Alterthums an seinem Theile zur Befreiung der Geister von den Banden des Mittelalters beitrug, dann von 1518 bis 1524 in Wittenberg durch den Druck Luther'scher Schriften, den er mit grossem Eifer betrieb, das Werk der Reformation fördern half, später nach Leipzig zurückkehrte und ungefähr 1550 hier starb.[1]) Er war aber auch der erste Leipziger Drucker, der die eckigen »gothischen« Lettern aufgab oder wenigstens nur noch in deutschen Schriften verwendete und an ihrer Stelle -- auch eine Errungenschaft der Renaissance — die einfachen Formen der echt lateinischen Buchstaben wieder in ihre Rechte einsetzte. Was Melchior Lotter aber auf literarischem Gebiete wirkte, das leistete Hieronymus auf künstlerischem.

Hieronymus Lotter stammte aus Nürnberg und war Ende 1497 oder Anfang 1498 geboren.[2]) Sein Vater, Michael Lotter, war Kaufmann in Nürnberg, flüchtete sich aber von dort im Jahre 1509, um den Nachstellungen zu entgehen, die ihm wegen eines Erbschaftsprocesses, welchen er »mit Hilfe Kaiser Maximilians« — also jedenfalls beim Reichskammergerichte — gewonnen hatte, von der Gegenpartei bereitet wurden, und wandte sich mit seinen beiden Söhnen, Hieronymus und dem sechs Jahre jüngeren Anton, nebst deren Lehrer, Michael Hausleuter, welcher den beiden Knaben den ersten Unterricht ertheilte, nach Annaberg im sächsischen Erzgebirge.

Die Wahl gerade dieser Stadt zu seinem neuen Aufenthaltsorte hatte ihren guten Grund. Annaberg gehörte zu denjenigen Städten des Erzgebirges, die im 15. und 16. Jahrhundert durch schwunghaften Silberbergbau zu rascher Blüthe gediehen. An dem Betriebe dieses Bergbaues waren aber vielfach Kaufleute von Nürnberg, Augsburg und Leipzig betheiligt. Im 15. Jahrhundert lag noch an der Stelle von Annaberg der kleine Ort Schreckenberg, von dem die bekannten Silbermünzen, die »Schreckenberger«, welche vor dem Aufkommen der »Joachimsthaler« oder »Thaler« überall gäng und gebe waren, ihren Namen hatten. Erst 1496, als die Silberminen eine immer mehr sich steigernde Ausbeute gewährten, liess Georg der Bärtige auf dem Schreckenberge eine Stadt anlegen, die nach der gewählten Schutzheiligen St. Annaberg genannt wurde. Zu welchem Rufe aber die neue Stadt im Laufe des 16. Jahrhunderts kam, beweist unter anderem die Reihenfolge, in der Sebastian Münster in seiner »Cosmographey« die Städte der Mark Meissen aufzählt; er sagt: »Die Marck zu Meyssen hat viel vnd namhafftige Stett, alss Schreckenberg, Zeitz, Freyberg, Dresen, Torga, Leipzig.«[3])

Auch Michael Lotter gelangte bald durch den bergmännischen Segen zu Reichthum und Ansehen; er kam 1535 in den Annaberger Rath, wurde 1536 Bürgermeister, was ihn jedoch nicht hinderte, sich, so lange er lebte, mit Stolz einen »Bürger von Nürnberg« zu nennen, und starb, achtzig Jahre alt, wenige Tage vor Weihnachten 1541. Als ein Beweis seines Wohlstandes kann es gelten, dafs 1536 sogar der Rath von Freiberg tausend Gulden bei ihm lieh, und dafs er seit dem Antritte seines Bürgermeisteramtes dem Annaberger Pfarrer — es war der letzte katholische, der 1539 bei der Einführung der Reformation in Annaberg seines Amtes entsetzt wurde — jährlich fünfzig Gulden aus eigenen Mitteln zu seiner Besoldung zulegte.[1])

Es ist ein merkwürdiges Zusammentreffen, dafs Hieronymus Lotter von Nürnberg nach Leipzig auf demselben Wege gelangte, auf welchem, nicht durch ihn, aber gleichzeitig mit ihm, die Renaissance ihren Einzug von Schwaben und Franken her nach Obersachsen hielt. Drei Jahre nach der Gründung von Annaberg war auch der Grundstein zu dem für die damaligen Verhältnisse der Stadt überaus grofsartigen Bau der Annenkirche gelegt worden; als die Lotter 1509 nach Annaberg kamen, war der Bau in vollem Gange, 1512 waren die Mauern bis an den Sims emporgestiegen, 1520 brachte der Baumeister, Erasmus Jacob von Schweinfurth, das Gewölbe zusammen, 1525 war der Bau vollendet. Diese Kirche gehört aber zu den merkwürdigen Denkmälern, welche den Stil des Überganges aus der alten in die neue Zeit veranschaulichen; während das Gebäude in allen constructiven Theilen durchaus gothische Formen an sich trägt, zeigen die ornamentalen Details, z. B. an der schönen alten Sacristeithür vom Jahre 1522, eine reizvolle Mischung von gothischen und Renaissancemotiven, und der in demselben Jahre von dem Augsburger Bildhauer Adolph Dowher aufgestellte Hauptaltar ist zugleich das früheste nachweisbare Marmorkunstwerk und das älteste Denkmal durchgeführter Renaissancesculptur auf sächsischem Boden.[2]) Nun läfst sich freilich durch nichts nachweisen, dafs Hieronymus irgendwie bei diesem Baue beschäftigt gewesen sei; ein Erinnerungszeichen an die Lotter hat aber doch die Kirche aufbewahrt. Die Brüstung der Empore ist nämlich durch eine Folge von hundert, früher bunt bemalten und vergoldeten, jetzt zum gröfsten Theile bronzirten Reliefs aus Sandstein geschmückt, von denen die ersten zwanzig in derb humoristischer Weise die Lebensalter der beiden Geschlechter vom zehnten bis zum hundertsten Jahre, die übrigen achtzig — eine in dieser Ausdehnung wohl einzig dastehende Serie — die ganze heilige Geschichte von Erschaffung der Welt bis zum jüngsten Gericht darstellen. Einzelne dieser Reliefs — von denen übrigens, wie überliefert wird, jedes 6 Gulden zu »hauen« und 18 Groschen zu malen kostete — sind, wie die eingemeifselten Inschriften beweisen, von wohlhabenden Familien Annabergs während des Kirchenbaues gestiftet worden, und so werden denn auch als Stifter des 28. Bildes — Kains Brudermord — inschriftlich genannt: »Michael Lotter und Barbara dessen Hausfrau.«[3]) Vielleicht ist in dieser Inschrift zugleich der Name von Hieronymus' Mutter aufbewahrt, wenn Barbara Lotter nicht, was allerdings auch möglich ist, da sie bei dem Weggange der Lotter von Nürnberg nicht mit genannt wird, eine zweite Frau Michael Lotter's war, mit welcher er fich[1] erft in Annaberg verheirathet hatte.

Beide Brüder, Hieronymus und Anton, wandten fich, als fie herangewachsen waren, von Annaberg nach Leipzig, der jüngere als Kaufmann, der ältere wahrfcheinlich als Kaufmann und Bauhandwerker zugleich. Wann dies gefchehen, läfst fich nicht mit voller Gewifsheit ermitteln. Von Anton Lotter läfst fich auf's beftimmtefte nachweifen, dafs er als achtzehnjähriger Jüngling im Jahre 1522 nach Leipzig zog; er fchreibt in einem Briefe vom October 1574 an die Kurfürftin Anna, dafs er nun 70 Jahre alt fei und feit 52 Jahren in Leipzig gelebt und fich mit Ehren als Leipziger Bürger gehalten habe. Es ift nun fehr unwahrfcheinlich, dafs der jüngere Bruder vor dem älteren, ja es ift fogar nicht einmal recht glaublich, dafs der jüngere ohne den älteren als felbftändiger Kaufmann nach Leipzig gekommen fei. Ging Anton Lotter 1522 nach Leipzig, fo war Hieronymus ficherlich entweder fchon da, oder beide Brüder kamen zufammen.

Ift dies Datum aber richtig, dann ift es wiederum ein eigenthümlicher Zufall, dafs, wie in Annaberg, fo auch in Leipzig zugleich mit Lotter die Renaiffancearchitektur auftritt. Das frühefte in Leipzig nachweisbare Gebäude mit Renaiffancemotiven ift das im Jahre 1523 von dem Leipziger Rathsherrn Hieronymus Walther († 1536) erbaute Haus am Eingange der Hainftrafse, die »goldene Schlange«, feit der Mitte des 18. Jahrhunderts nach dem damaligen

Barthel's Hof

Befitzer auch »Barthel's Hof« genannt (jetzt Markt 8). Obgleich es feit 1872 niedergeriffen ift, kann man doch glücklicher Weife noch immer von ihm als von einem exiftirenden fprechen; denn bei dem Neubau ift die rühmens- und nachahmenswerthe Pietät geübt worden, die ganze alte Façade mit Ausnahme des Erdgefchoffes Stein für Stein an der Hoffeite wieder aufzuführen, und fo wird diefes intereffante architektonifche Unicum Leipzigs hoffentlich noch für weitere drei Jahrhunderte erhalten bleiben. »Barthel's Hof« gehört durchaus dem Übergangsftile an. Während an dem fogenannten »rothen Collegium«, deffen Hintergebäude von 1503 bis 1513 durch den Rath und deffen Vordergebäude 1518 durch die Univerfität aufgeführt wurde, noch durchweg die spätgothifchen Vorhangsbogen angewendet find und keine Spur von Renaiffancemotiven zu entdecken ift, tritt an »Barthel's Hof« die neue Bauweife zum erften Male hervor. Gothifch ift noch die ganze Anordnung der Fenfter und die tiefcanellirten Fenfterumrahmungen mit ihren feinen, am Fufse ornamentirten Rundftäben, gothifch die fich kreuzenden Rippen an der Auskragung des Erkers und das Maafswerk an der Brüftung der unterften Fenfter und der kleinen Loggia, gothifch endlich auch die gefchweiften Spitzbogen an den Fenftern des Giebels und das polygone Thürmchen, welches ihn bekrönt; dagegen wagt fich in der Loggia felbft mit ihren Candelaberfäulchen und ebenfo jn dem feltfamen Laubgewinde und den Balufterfäulchen, welche in naiver Weife vor das Maafswerk der unterften Brüftung geftellt find, der neue Stil fchüchtern an's Licht. Die gedrückten Schnecken auf den Abfätzen des Giebels und die kupfernen Regenausgüffe in Form von Drachenköpfen ftammen von einer Reftauration im Jahre 1660; die kleinen Poftamente darauf und darunter trugen urfprünglich Feuerkugeln mit vergoldeten Flämmchen, die aber bei einer Renovation im Jahre 1829 befeitigt wurden. Bei dem jüngften Wiederaufbau des Giebels hat man fie jedenfalls nur aus ungenügender Kenntnifs des früheren Zuftandes weggelaffen. An den Erkerfimfen ftehen in allen Stockwerken biblifche Infchriften, in lateinifcher, griechifcher und felbft hebräifcher Sprache, auf dem an der mittelften Erkerbrüftung befindlichen aufgefchlagenen Buche die Verfe:

    Waltherus fenior pofitos Hieronymus ebes
    Magnificis primus fumtibus extulerat
    Dum regit hanc urbem Georgius inclytus heros
    Saxoniae princeps dux pietatis facer
    Quaffatam miferi Petri quo tempore novem
    Cum Carolo quinto ferte Adrianc trurs
    Quobfi poft Chriftum natum numeraveris annos
    Calculus e vifo carmine certus erit.

Die letzte Zeile ergiebt die Jahreszahl 1523. In den Rippen des Erkerfufses ift die »erhöhte Schlange« angebracht, die dem Haufe den Namen gegeben; fie windet fich um ein Kreuz aus Rundftäben. ⁑)

Man darf natürlich, fo verlockend es auch fein mag, auch nicht einmal vermuthungsweife es ausfprechen, dafs der junge Lotter »Barthel's Hof« gebaut und sich vielleicht dadurch in Leipzig als Baumeister eingeführt habe. Es muſs die Thatsache genügen, daſs ein Jahr nach Lotter's wahrscheinlicher Überſiedlung nach Leipzig die Renaiſſance zum erſten Male hier auftaucht. Durch Rührigkeit und Ausdauer gelangten die Brüder Lotter in Leipzig allmählich zu Wohlſtand. Es geht dies daraus hervor, daſs ſie in den dreiſsiger und vierziger Jahren mehrfach Häuſer kauften oder Grund und Boden zu Neubauten erwarben. In den »Handelsbüchern« kommt der Name des Hieronymus Lotter zum erſten Male 1532, der des Anton Lotter zuerſt 1543 vor. Im Jahre 1532 erbaute ſich Hieronymus neben dem damals auch noch im Baue begriffenen »Auerbach'ſchen Hof« ein eigenes Haus; die Erhaltung dieſer Nachricht iſt einem Streite zu verdanken, den er mit Doctor Heinrich Stromer von Auerbach hatte wegen einiger oberen Fenſter, die Stromer »in ſeinem nawen gebew, gegen dem hoff gedachts Hieronimus Lotters, gemacht«, und die Lotter zubauen wollte. Im Jahre 1541 kaufte er für baare 625 Gulden »gartten, haus vnnd hof bey Sant Johannes vorm Grymmiſchen Thore« und ſchuf auch hier einen anſehnlichen Neubau, den er mit einem Zaun von auſsergewöhnlicher Stärke und Feſtigkeit umfriedigte. Zwei Jahre ſpäter erwarb auch ſein Bruder Anton ein Vorwerk vor dem grimmaiſchen Thore. Von dem Kaufe eines dritten Hauſes, welches am Markte lag, erfahren wir wiederum aus einem Vertrage des Käufers mit dem Beſitzer des Nachbarhauſes. Lotter wollte dies Haus, weil es einen hölzernen Giebel hatte, »mit ſtaynnen verblenden, vnd vor ſewer vnd Regen verwaren.« Da es ihm aber an einer Mauer fehlte, auf die er ſeinen Giebel hätte ſetzen können, ſo baute er ihn auf das Haus ſeines Nachbars Breuſſer (Preuſſer), verzichtete jedoch auf das Eigenthumsrecht daran und brachte zum Zeichen dafür auf dem Giebel ein Fähnlein mit Preuſſer's Wappen an. Wo die beiden erſtgenannten Häuſer geſtanden haben mögen, iſt nicht mehr anzugeben; die Nachbarſchaft von »Auerbach's Hof« iſt eine zu ausgedehnte, um darüber eine Vermuthung zu wagen; das dritte Haus am Markte aber war ohne Zweifel das Eckhaus des Marktes und des Thomasgäſschens; die Tradition, daſs dies einſt Lotter's Haus geweſen, war noch im 18. Jahrhundert lebendig.*) In den dreiſsiger Jahren wird ſich Lotter wohl auch verheirathet haben; ſeine Frau ſtammte, wie es ſcheint, aus dem Erzgebirge und hieſs Katharina Bauer (oder Beyer?).*) Aus dieſer Ehe entſprangen drei Söhne, Albrecht, Ludwig und der jüngſte, der wieder den Namen des Vaters, Hieronymus, erhielt. Anton Lotter ſcheint unverheirathet geblieben zu ſein.

Auf ein gewiſſes Anſehen im Kreiſe der Bürgerſchaft deutet es hin, daſs Lotter ſchon in dieſen Jahren gelegentlich zum Vormund erwählt wurde, was ihm ſpäter freilich noch oft begegnete. Auch beim Rathe ſcheint er ſich ſchon einiger Gunſt erfreut zu haben. Wenigſtens ſtammt aus dem Jahre 1545 der erſte nachweisbare Bau, den Lotter im Auftrage der Stadt aufführte, das Kornhaus auf dem Brühl. Es war dies das zweite groſse Magazingebäude, welches die Stadt ſich errichtete; das erſte, 1529 erbaute lag am Ende des Neumarktes an der Stadtmauer und ſtieſs an die Peterskirche; nach ihm wird noch heute die Magazingaſſe genannt. Das Lotter'ſche lag am äuſserſten Ende des Brühl auf der Nordfeite an der Stelle des 1543 auf Anordnung des Herzog Moritz abgebrochenen Bernhardinercollegiums, bedeckte alfo einen Theil der Bodenfläche, auf der jetzt der Neubau der »Creditanftalt« fteht. Es war ein vielftöckiges Gebäude mit hohem, fteil abfallendem Dache. Auf Leipziger Stadtplänen aus dem 16. und 17. Jahrhundert, namentlich fchon auf der älteften erhaltenen bildlichen Darftellung Leipzigs, dem aus dem Jahre 1547 ftammenden grofsen Holzfchnitte »Warhafftige abconterfeyung der Stadt Leipzig etc.« ift es, da es dicht an der Stadtmauer ftand und die Nachbarhäufer weit überragte, deutlich zu fehen. Es hat nur 157 Jahre geftanden; im Jahre 1702 wurde es abgetragen und an feiner Stelle das nun auch fchon wieder niedergeriffene Georgenhaus erbaut. Liegt in der Uebertragung diefes Baues, den Lotter »zu Beförderung gemeiner Stadt« aufführte, ein Beweis von Gunft und Vertrauen von Seiten des Rathes, fo widerfpricht es dem nicht, wenn Lotter gelegentlich wegen etwas eigenmächtiger Handlungsweife vom Rathe zur Rede gefetzt wird. Im »Handelsbuche« von 1545 wird ihm vorgehalten, er habe in feinem Garten vor dem grimmaifchen Thore »Thurenn Kegen dem Stadtfelde gemacht, daraus er vfs felt gehenn magk, desgleichenn auch Salzweydenn (Sahlweiden) vmb den gartten neben dem Grabenn fo dafelbft anftoffet, gefteckt«, und er mufs fich dem Rathe gegenüber verpflichten, diefe Thüren zuzufetzen und die Weiden abzufchlagen, fobald es der Rath verlangen werde. Jedenfalls wird diefes Verlangen nie ausgefprochen worden und der ganze Vorhalt mehr eine Formalität gewefen fein.

In wenig fpätere Zeit fällt auch die erfte Berührung Lotters mit dem herzoglich fächfifchen Hofe, von der noch eine Kunde erhalten ift. Als im fchmalkaldifchen Kriege im Winter von 1546 auf 1547 Kurfürft Johann Friedrich zur Belagerung Leipzigs heranrückte und Herzog Moritz in den Tagen vom 29. December 1546 bis zum 2. Januar 1547 fämmtliche Leipziger Vorftädte räumen und niederbrennen liefs, um dem heranrückenden Gegner alle Deckung zu entziehen,[10] da fiel auch Lotter's ftattliches Befitzthum in der grimmaifchen Vorftadt als Opfer der harten, aber unvermeidlichen Kriegsmaafsregel. Aber noch ein Vierteljahrhundert fpäter, 1571, gedenkt Lotter in einem Briefe an Kurfürft Auguft der mitleidsvollen Gefinnung, die damals Moritz gegen ihn bewiefen habe. »Vor der belegerung Leipzigk, fchreibt er, hab ich vor dem Grimmifchen Thor bey dem Gotsacker ein garten gekaufft, vnndt vonn einem Bauern von der kleinen Pahrt (Parthe), aus dem Kolnitzer walde vber hundert Eichene Seulen oben gefiert ausgearbeit, Sechs eln hoch vber der erden vndten mit einem groffen Rundten Kluppel, drey eln lang, vndten mit feuer brennen, vnnd in die erden alweg vber Sechs eln eine eingrabenn, vnndt die vonn einer Seulen zu der andern nach der Quer dreymal vorriegelnn laffenn, Darnach hab ich mit geftröeten Lehmen darein laffen ficken, vnndt darnach dunchen (tünchen) vnndt weiffen, auch ein Ziegeldechlein darauff laffen machenn, das het In Sechtzigk bies in hundert Jahr ftehenn follenn, Dann folches gar beftendig gemacht geweft, Als aber die belegerung fich zugetragen, Do ift Eur Chur. F. G. herr Bruder Churfurft Moritzs Seliger vnndt loblicher gedechtnus, als die vorftadt angetzundt wart, fur denfelben garten geritenn, darauf ich ein fchon grofs haus Sechs vnndt dreyſſigk eln lang gebauet, Vnndt des mit mir ein gnedigſt mitleidenn getragenn, dafs folcher Baw hat follen abbrennen, Aber die befriedung des Gartens hat man nit kunnen abbrennen, es iſt auch fo bald nit eintzureiſſen geweſt, Do habenn fie die wende eingefchlagen, vnnd die Seulen mit pferdten aus dem Erdtreich heraus geryſſen vnndt ziehen müſſen."

Für die Darſtellung von Lotter's öffentlicher Bauthätigkeit, welche, abgefehen von dem bereits erwähnten Kornhaufe, ungefähr 1550 beginnt, iſt es ein glücklicher Umſtand, dafs der Baumeiſter felbſt ein kleines Verzeichnifs feiner Bauten hinterlaſſen hat, welches zwar weder auf Vollſtändigkeit Anfpruch machen kann, noch die richtige chronologiſche Reihenfolge einhält, aber dennoch für weitere Unterfuchungen willkommene Anhaltepunkte bietet. Als fich im Jahre 1573 eine Reſtauration am Leipziger Rathhausthurme nothwendig machte, liefs Lotter, der in diefem Jahre zum letzten Male das Bürgermeiſteramt verwaltete, neben anderen Schriftſtücken auch eine kurze Ueberficht über feine damals bereits abgefchloſſene Bauthätigkeit im Thurmknopfe niederlegen. Diefe iſt, wenigſtens abfchriftlich, noch erhalten, und fo mag fie denn als die von felber fich darbietende Grundlage für eine eingehendere Darſtellung diefer felbſt vorausgefchickt werden. ¹⁴) Ihr Wortlaut iſt folgender:

»Es hat mich Churfürſt Moritz die Zeit feiner Regierung zu einem Baumeiſter alhier zu Leipzig über das Schlofs Pleifenburg gemacht, da habe ich mit meiner eigenen Hand als ein verordneter Baumeiſter den erſten Stein in gründen geleget, und das ohne einigen Beyſtandt, aufserhalb der Werkleute gar auffgebauet, darnach habe ich die Henckers Paſteyen gleichergeſtalt auch ausm grunde bis in die Höhe auffgebauet, und an der Veſtung vor allen Thoren viel Mäuerwerks verbracht, das alte Rathhaus lafsen einreifsen und zum Theil die alten gründe und etzlich Mäuerwerck zu Hülffe genommen, und aus habendem Befehl E. E. Raths folch Rathhaus, wie es ietzo ſtehet, in neun Monat, dafs folches wieder zu bewohnen geweſt, gar auserbauet, dafs alfo mir zwey Jahr aneinander das Bürgermeifter Ambt zu verwalten aufferleget worden iſt. Zu dem, fo habe ich zu Beförderung gemeiner Stadt, ein alt eingefallen ſteinern Gebäude, fo bei Unfer Frauen Collegio gegen über im Prüel gelegen, die Gründe und das alte Mäuerwerck zu Hülffe genommen, und ein ſtattlich Kornhaus, wie vor Augen ſtehet, erbauet. Auff den zweien Thürmen an S. NicolausKirchen zu einer Wache ein Stück Thurmbs in die Höhe auffbauen lafsen mit Wohnung, dafs fich ein Wächter zu behelffen. Und noch bey dem Rannfchen Thor eine gemeine ſteinerne Badſtuben innerhalb der Stadt gebauet, und diefelbige lafsen gewölben, dafs folch Gewölb kein Trauffen oder Feuchtigkeit von fich gegeben. Dergleichen in andern Städten auch umbher dermafsen gebauet, das zuvor nicht geweſt, und habe nach meinem Vermögen alfo gemeine Stadt mit folchen Gebäuden zur Nothdurfft helfen ziehren; Und über das alles fo hat Churfürſt Auguſtus die Zeit feiner Regierung mir auferleget, dafs ich das grosmächtige Haufs und Schlofs die Auguſtusburg, fo zuvor der Schellenberg genennet worden, einreifsen und wieder auffbauen folte, und ob ich mich meines hohen obliegenden Alters halben, des in Unterthänigkeit entfchuldiget, und dafs es in meinen Vermögen nit wäre, fo habe ich doch damit nicht können verfchonet bleiben, und dafselbe aufserhalb der Werkleute ohne einigen Beyftandt mit grofser unerträglicher Mühe und Beftellung in vier Jahren, welches fich der mindern Zahl im Ein und Siebenzigften geendet, verbracht, und das zu bewohnen gar ausgebauet. Darob ich in meinem hohen Alter, als ich fechs und fiebenzig Jahr alt worden, gar unvermöglich worden, und gleichwohl das Burgermeifter Ambt *Anno* Drey und Siebenzig wiederum annehmen und verwalten müfsen, das zeuge ich nicht umb Ruhms willen an, fondern dafs folches nach meinem Todte meinen Kindern umb ihres Vaters willen zu Ehren und guten gereichen möchte; Das habe ich alfo in diefen Knopf neben andern Schrifften und Gedächtnüffen verwahrlich bringen wollen, das gefchehen ift den 14. *Septembris* des funfzehnhundert und drey und fiebenzigften Jahres.

Hieronymus Lotter der älter,
Bürgermeifter.«

III.

Der kurfürstliche Baumeister. Die Pleifsenburg.

Um über Lotter's Betheiligung an den Leipziger Schlofs- und Feftungsbauten in's Klare zu kommen, ift es nöthig, fich zuvor ein Bild von dem Vertheidigungszuftande Leipzigs in jener Zeit zu machen. [17] Leipzig war im 15. und noch in der erften Hälfte des 16. Jahrhunderts keine fonderlich fefte Stadt. Schneider giebt an, dafs feit dem Einfalle der Huffiten, 1430, bis 1545, alfo bis kurz vor dem Ausbruche des Schmalkaldifchen Krieges nichts zur Vervollftändigung der Leipziger Feftungswerke gethan worden fei. Vogel berichtet, dafs 1488 die Zwingermauer beim Thomasthor, 1508 die Zwingermauer zwifchen dem Thomas- und Petersthor fammt einem Thurme erbaut worden, 1513 »zwey hohe und ftarcke Thürme zwifchen dem Hällifchen und Grimmifchen Thor auffgeführet« worden feien. Auf alle diefe Nachrichten ift nicht fo fehr viel zu geben. Wie die »Warhafftige abconterfeyung der Stadt Leipzig« zeigt und wie auch aus fonftigen Angaben hervorgeht, umgab im Belagerungsjahre 1547 die ganze Stadt eine niedrige Mauer, hinter der in geringem Abftande eine zweite höhere fich hinzog. Die letztere konnte aber nur an den wenigften Stellen als wirkliche Mauer gelten, da faft überall Gebäude daran ftiefsen, ja die Stadtmauer felbft mit den Häufermauern oft ein und diefelbe war. Das alte Schlofs, welches damals noch an der Stelle der fpäteren Pleifsenburg ftand, war ein unvollkommenes Bauwerk und als Vertheidigungsmittel längft unbrauchbar geworden. Eine einzige Baftei fchützte das Nordoftende der

Stadt, damals noch fchlechtweg »die Baftei«, fpäter, als es deren mehrere gab, die hallifche oder Schönfelder Baftei genannt; fie lag gerade vor dem von Lotter erbauten Kornhaufe. An verfchiedenen Stellen ragten, bald an der äufseren, bald an der inneren Mauer, Thürme empor: am Petersthor der Petersthurm, am Thomasthor der Thomasthurm, weiterhin zwei ftarke Thürme zwifchen dem hallifchen Thore und der hallifchen Baftei (am heutigen niedern Park), etwa in der Mitte zwifchen dem grimmaifchen und dem Petersthore (am Ausgange der heutigen Univerfitätsftrafse) die Landskrone, und dicht daneben in der Richtung nach dem Petersthore zu der gröfste und feftefte von allen, ein hoher viereckiger Bau, der Henkersthurm, aufserdem eine Anzahl kleinerer Thürmchen. Selbft von diefen ungenügenden Befeftigungswerken war aber ein Theil erft in den letzten beiden Jahren hergeftellt worden. Im Jahre 1545 hatte fich Herzog Moritz, als feine politifchen Pläne zu reifen begannen, die Ausficht auf einen grofsen Entfcheidungskampf immer näher heranrückte und er daher auf eine allfeitige Befeftigung feines Landes bedacht fein mufste, mit feinem Bruder Auguft und mehreren Räthen unter anderem auch in Leipzig eingefunden, um die Feftungswerke zu befichtigen. Er fafste den Plan, das alte Schlofs ganz abzubrechen und ein neues, grofsartiges Caftell faft am entgegengefetzten Ende der Stadt vor dem hallifchen Thore am Ende der Gerberftrafse zu errichten. Dies follte von beiden Seiten durch Bafteien flankirt und mit diefen durch eine Feftungsmauer verbunden werden. Auf der andern Seite der Stadt wollte er die grimmaifche und die Petersvorftadt durch umgürtende Werke mit der Hauptftadt vereinigen. Noch ein anderer Plan ging dahin, Wälle und Gräben durch die Stadt zu führen und zu diefem Zwecke etwa vierhundert Häufer abbrechen zu laffen. Was aber von allen diefen Projecten im Laufe des Jahres 1546 trotz eifrigfter und durch das fumpfige Terrain ungemein erfchwerter Arbeit zur Ausführung kam, war nur die eine fchon erwähnte hallifche Baftei, ein Theil der Zwingermauer, die von diefer aus nach dem geplanten neuen Caftell führen follte, und die Fundamente der neuen Feftung felbft. Zum Opfer fiel den Befeftigungsplänen unter anderm die am Ende der Katharinenftrafse ftehende Katharinenkirche; das Steinmaterial, welches man durch ihren Abbruch gewann, wurde mit in die hallifche Baftei verbaut.

Nun kam die Belagerung Leipzigs vom 6. bis zum 27. Januar 1547, die für die nächfte Zeit allen weiteren Befeftigungsarbeiten ein Ende machte und die bereits beftehenden Werke arg befchädigte. Wie es bei Schneider heifst, war »die gantze Stadtmauer ümb und ümb hefftig durchlöchert und zerfchüttert worden«. Am beften hielt noch die neuerbaute Baftei Stand; das alte Schlofs aber wurde fürchterlich mitgenommen und theilweife faft in einen Haufen zufammengefchoffen. Den Petersthurm demolirten die Belagerten felbft, nachdem fie dafür geforgt, dafs er beim Zufammenftürzen nicht etwa hinaus in den Graben fiele und fo den Feinden als Damm dienen könnte, die Landskrone wurde von den Feinden zertrümmert, und endlich ftürzte auch der Henkersthurm, der von Anfang an das Hauptobject der Befchiefsung gewefen war, zur Hälfte zufammen. »Zu letzt da thet er fpalten, das eine teil darnider fiel, das ander tet feft halten« fingt ein gleichzeitiges »lied von der belegerung der löblichen ftat Leipzig«.[13] Der ftehengebliebene Theil wurde, gleich nachdem die Belagerung aufgehoben und Kurfürft Johann Friedrich unverrichteter Sache abgezogen war, von Hans von Diskau, der die Vertheidigung der Feftungswerke geleitet hatte, vollends niedergelegt.

Im Jahre 1548 nahm der nunmehrige Kurfürft Moritz auch feine Fortificationspläne wieder auf. Das alte Schlofs liefs er abbrechen, der Neubau follte fich an derfelben Stelle erheben; um den Bauplatz zu erweitern, wurde auch das jenfeits des Grabens ftehende Nonnenklofter, von dem noch jetzt die Nonnenmühle den Namen hat, niedergeriffen. Gleichzeitig wurde nach einem Mufter »auf Antorfer und Genter Art«[14] die fchon früher projectirte zweite Baftei, die rannifche, erbaut (an der Stelle des jetzigen alten Theaters), und 1551 zu diefen beiden eine dritte vor dem Platze des alten Henkersthurms hinzugefügt, die Henkersbaftei, fpäter nach ihrem Erbauer die Moritzbaftei genannt (auf der heute die erfte Bürgerfchule fteht). Auch die Landskrone wurde wieder aufgebaut, die grimmaifche Baftei vor dem grimmaifchen Thore begonnen, und gleichzeitig wurde der Neubau des Schloffes, der zukünftigen Pleifsenburg, in Angriff genommen. Hier liegen die Anfänge einer durch zwei Jahrzehnte fich hinziehenden ununterbrochenen Bauthätigkeit Lotter's. Die bisher genannten Befeftigungswerke Leipzigs von 1546 an hatte Moritz feinem oberften Zeug- und Baumeifter Caspar Voigt, der gleichzeitig auch die Feftungsbauten Dresdens leitete, übertragen. Wenn Lotter fchon bei diefen betheiligt war, was nirgends erwähnt, aber keineswegs unwahrfcheinlich ift, fo kann es nur in der untergeordneten Stellung eines Werkmeifters der Fall gewefen fein. Mit der Uebernahme des Pleifsenburgbaues erfcheint er, wenngleich auch jetzt noch Caspar Voigt die oberfte Leitung aller Befeftigungsbauten beibehielt, zum erften Male als fürftlicher Baumeifter in felbftändiger Stellung. Kein Wunder, dafs Lotter diefen Auftrag an den Anfang der Ueberficht ftellt, die er felber von feiner Bauthätigkeit gegeben.

Peifer behauptet, Kurfürft Moritz habe die Pleifsenburg nach dem Mufter des Mailänder Caftells · *imitatione arcem Mediolanenfem fimulaturus* — anlegen laffen. Diefe Notiz ift zu apart, als dafs fie nicht emfig hätte nachgefchrieben werden follen; fie ift aber eine reine Erfindung.[15] Im Wefentlichen fetzt fich die Pleifsenburg aus drei Hauptgebäuden zufammen, die mit einander in ihrer Grundform ein gleichfchenkliges, rechtwinkliges Dreieck bilden. Die Hypotenufe ift nordoftwärts nach der innern Stadt gekehrt und befteht aus einem mächtigen, vierftöckigen Mittelgebäude, dem fogenannten »Trotzer«, und zwei einftöckigen Seitengebäuden. Die beiden langgeftreckten Katheten, die eine nach Süden, die andre nach Weften gewendet und von gleicher Höhe wie die Seitenflügel des »Trotzers«, vereinigen fich an der Spitze in einem gewaltigen, kreisrunden Thurme, vor welchem nach Südweften eine Baftei liegt, während hinter ihm ein dreieckiger, drei Stock hoher Vorbau mit feiner durch eine Art Erker abgeftumpften Kante in den Hof vorfpringt. Von den beiden Eingängen liegt der eine im »Trotzer«, der andre im weftlichen Flügel nahe am Thurme. Eine deutliche Anfchauung von der Anlage des Bauwerkes ift heute freilich von keiner Seite mehr zu gewinnen. Es wird fich kaum in der Baugefchichte irgend einer deutfchen Stadt ein zweites Beifpiel dafür auffinden laffen, dafs ein charaktervoller Bau aus alter Zeit durch allerhand auf- und angeflickte Neubauten fo rückfichtslos verunftaltet worden wäre, wie die Leipziger Pleifsenburg. Als Feftung lag fie natürlich urfprünglich ganz frei und war ringsum, auch nach der innern Stadt, von einem breiten Waffergraben umgeben.[16]) Jetzt lugt fie nach aufsen nur ftückweife noch kümmerlich hervor, und allenfalls im Hofe erlangt man noch einen Totaleindruck von ihr; doch hat auch dies am längften gedauert. Am beften ift in feiner ehemaligen Geftalt der füdliche Flügel noch erhalten; der weftliche wurde 1843 zum gröfsten Theile abgeriffen und an feiner Stelle das jetzige Akademiegebäude errichtet. Auf die Baftei fetzte man 1838 eine Caferne, die, aus einem weftlichen und füdlichen Flügel beftehend, den untern Theil des Thurmes und ein beträchtliches Stück der ganz dicht — in einem Abftande von zehn Schritt — dahinter liegenden entfprechenden Schlofsflügel verdeckt, 1871 wurde die Länge beider Cafernenflügel verdoppelt, und gleichzeitig wurden dicht vor dem »Trotzer« zu beiden Seiten des Haupteinganges ein paar plumpe Getreidethürme errichtet. Während aber diefe Zeilen gedruckt werden, ift man damit befchäftigt, auch den ganzen nordöftlichen Theil des Schloffes fammt dem »Trotzer« abzubrechen und auch an diefer Stelle einen riefigen Cafernenbau aufzuführen. Nur das Erdgefchofs fcheint, dem traditionellen Namen des Bauwerkes getreu, mit feinen coloffalen

Im Hofe der Pleifsenburg.

Mauern auch diefer Art von Angriffen Trotz zu bieten; es foll erhalten bleiben und der Neubau wieder darauf errichtet werden. Auch der Thurm hat im Laufe des 17. und 18. Jahrhunderts vielfache Umbauten erfahren, den bedeutendften, als der obere, fchmälere Theil deffelben von 1787—1790 zu einer Sternwarte hergerichtet und dabei die Haube mit dem Knopfe herabgenommen wurde. So ift nun das, was man jetzt »Pleifsenburg« nennt, ein wunderliches Conglomerat von Gebäuden, aus welchem der urfprünglich Kern fich nur fchwer noch herauserkennen läfst. Doch reichen die erhaltenen Refte hin, um allenfalls eine Vorftellung von dem Charakter des Lotter'fchen Bauwerkes zu geben. Wie das ganze Gebäude fich auf Kafematten von gewaltiger Mauerftärke erhebt, fo zeigte es auch in feiner eigenen Behandlung durchweg einen feftungsartigen Charakter, der felbft in den ornamentalen Details mit wahrhaft cyclopifchem Behagen in möglichft derben Formen fich ergeht. An der Aufsenfeite wie an der Hoffeite ift der Unterbau vom Hauptgefchofs durch einen mächtigen Wulft getrennt, über dem fich am Hauptgefchoffe felbft ftreckenweife ein zweiter hinzieht; dazwifchen fteigen rohe Lifenen empor. Die Portale, welche zum Theil nach fchönen, kräftigen Wendeltreppen mit fteinernen Lauffangen führen, und die in mannichfachen Formen und Gröfsen gebildeten Fenfter find mit einem ähnlichen Wulft umrahmt. Der »Trotzer« zeigt am Erdgefchofs eine derbe Ruftica, über dem Durchgange an der Hoffeite befindet fich ein ebenfo behandelter Erker, deffen Fufs auf dem als Capitäl gebildeten Schlufsftein des Bogens ruht; auch er ift bereits der Zerftörung geweiht. Eine einzige feiner behandelte Thür gewahrt man in dem oben erwähnten Vorbau im Hofe; es ift die, welche nach dem Thurme führt. Sie ift von canellirten Pfeilern eingefafst, über denen fich ein Fries mit einer hübfchen Blumenranke hinzieht; in den Zwickeln Blumenzweige, über dem Fries ein leergelaffener Giebel.

Ueber den Beginn des Pleifsenburgbaues herrfcht in den gedruckten Quellen allgemeine Unklarheit. Schneider giebt an, der Bau fei 1551 »vollendet« worden, was in diefem Falle, fo feltfam dies auch klingen mag, kaum etwas anderes heifsen kann, als »unternommen«, Peifer und nach ihm Vogel fagt, dafs 1549 der Grund gelegt worden fei. Ueber den weiteren Verlauf und das Ende des Baues findet fich nirgends auch nur die geringfte Nachricht. Dem gegenüber gewähren die archivalifchen Quellen, wenn gleich auch fie gerade hier etwas fpärlicher fliefsen, doch wenigftens einigen Anhalt. In Briefen aus dem Sommer 1568 erinnert Lotter den Kurfürften Auguft wiederholt daran, dafs er dem Hofe nun achtzehnjährige Dienfte geleiftet habe. Hieraus geht unzweifelhaft hervor, dafs Lotter 1550 in die Dienfte des Kurfürften Moritz getreten ift, und da er felber fagt, er habe am Pleifsenburgbau »den erften Stein in gründen geleget«, fo kann auch der Bau nicht gut vor diefem Jahre begonnen worden fein.

Das Jahr darauf fcheint es einmal zwifchen dem Kurfürften und Lotter zu einer Verftimmung gekommen zu fein; wenigftens hatte Lotter, wie aus dem Antwortfchreiben des Kurfürften vom September 1551 hervorgeht, ihm mitgetheilt, dafs er fich »aufserhalb Landefs in frembder herrn dinft zubegeben willenns«. Moritz forderte ihn auf, diefe fremden Herren erft namhaft zu machen, dann werde er ihn weiter befcheiden. Ob Lotter diefer Aufforderung nachkam, ift ungewifs. Das Ganze war wohl blofs eine leere Drohung gewefen, hervorgerufen durch irgendwelchen Tadel, den Lotter vom Kurfürften erfahren haben mochte. Wenige Wochen darauf gab ihm der Kurfürft fchon wieder einen Beweis feines vollen Vertrauens. Da es dem vor Magdeburg liegenden Kriegsvolke an Winterkleidung fehlte, fo hatte Lazarus Schwendi, der kaiferliche Commiffar, dem Kurfürften vorgefchlagen, er möge zufehen, ob er bei der Leipziger Kaufmannfchaft, die etwa für 20 bis 30 Taufend Gulden Tuch liegen haben follte, »auf burgk« etwas davon entnehmen könne. Da wandte fich Moritz an Lotter, weil er »aufs andern exempeln« fürchtete, dafs ihm »verfpotliche nachrede daraufs erfolgen« möchte, wenn er felber die Kaufleute darum anginge, und bat ihn, die Kaufleute zu fondiren, ob fie wohl geneigt wären, bis zur nächsten Frankfurter Meffe das Zeug zu borgen; für diefen Fall follten fie es felbft in's Lager bringen und an die Knechte im Beifein der Hauptleute verfchneiden laffen. Auf jeden Fall gelang es Lotter, die Kaufleute dazu zu überreden, denn in einem undatirten, aber von Moritz eigenhändig unterzeichneten Documente — wohl aus dem Jahre 1552 — heifst es, Lotter habe »Jn Zeit der Magdeburgifchen belagerung mit vorftreckung etlicher Sumen geldes ane Jntereffe mehrmals desgleichen mit aufbringung einer ftatlichen anzal lundifchen Tuchs fich forderlich vnd funft dermaffen erzeigt, dodurch des Heyligen Reichs beftes erfolget« ; dafür follen ihm nun aus der Kriegscaffe »Taufent gülden Muntz zur ergetzlickeit vnd erftattung obbemelts feins vleis vnd befurderung zugeftellt vnd gereicht werden«.

Aus dem 1551 begonnenen Bau der Henkersbaftei ift in einem Briefe Lotter's an die Kurfürftin Anna vom December 1571 eine intereffante Epifode aufbewahrt, welche gleichfalls zeigt, in welcher Gunft Lotter beim Kurfürften Moritz ftand. »Alfs ich — fo erzählt er der Kurfürftin — die Hengkers Pafteyen vor Leiptzigk gebauedt, Do hatt fich zugetragen, das ich aus den Gräben eine grofse fchutt Auff die verdachung gebracht, Alfs nun Churfurft Moritzs fehliger vnndt loblicher gedechtnufs, dohin khommet vnndt das befichtiget, So tringet fein Churf. G. vor viel volcks, das kegenwertigk ftund vff mich, vnnd fagte, Lotterr, die Schutt vnndt die erden mufs in den Tagenn, Wan ich von Wittenbergk wieder hieher khomme, hinwegk gebracht werden, wie ist ihm zuthun, Vnndt ob es wohl Auff ein eyl Antzufehen ein vnmoglich dingk, So gab ich doch vnderthenigfte vertroftung, Es kunde wohl gefchehen, Aber dartzu gehortten, ein Zwolff hundert Bauren Aus den Vmbliegenden Emptern Zuerfordern, die wollt ich darann legen. Alfo wird Hanns Jenitzs Secretarj befholen, das er mir vff fouiel, wie ich wolte, befhel machen folte, Wie nun fein Churf. G. wieder Kam, Vnndt auff die Verdachung zugetzogen, do was alle fchutt hinwegk, die fandgrubenn Zugleich Ausgelauffen, das was gahr ein gnedig vnnd koftlich ding. Die Leudt hetten Aber gefagt fein Churf. G. hett mich erftechen wollenn, Wie das fein Churf. G. vieleicht erfahrenn, Vnndt zu Leiptzigk in meinem Haufe gelegen, Do wardt ich gefordert, Vnndt wie man vff fein wil, Vnndt gar viel volcks vor dem Haufs ftehet, Do leget fich fein Churf. G. Auff die Lincken feydten in ein fenfter, vnd fagt, Lotter, Legt euch zu mir hienauszufehenn, Alfs ich mich aber defs wie billich fcheuete, Wie mir das anderft nit gebuhren woltte, Do mufs ich das thun, Vnndt fagte ich folde das Peters Thor zumachen, vnndt das mit erlen Ausfullen. Do vermerckte ich fouiel, das fein Churf. G. den Leudten darmit das Anfehen gemacht, das folchs die meinung nitt geweft, Wie fie das geredt, vnndt verftanden haben«.

Am 9. Juli 1553 fiel Kurfürft Moritz in der Schlacht bei Sievershaufen. Auf die Nachricht von feinem Tode eilte fein Bruder Auguft, der feit 1548 mit Anna, der Tochter des dänifchen Königs vermählt war und fich damals gerade in Dänemark aufhielt, herbei, um die Regirung anzutreten. Am 18. Auguft liefs er fich in Dresden die Erbhuldigung leiften, am 20. kam er nach Leipzig, um auch hier die Huldigung der Stadt entgegen zu nehmen und feine Stände um fich zu verfammeln. Bei diefer Gelegenheit kam es auch zu einer Unterredung mit Lotter über die Weiterführung der von Moritz begonnenen Bauten. Jedenfalls trat Lotter, damals 55jährig, zu dem 27jährigen Kurfürften Auguft fofort in daffelbe Verhältnifs, wie zu deffen Vorgänger. Er erhielt von ihm den Auftrag, wenigftens den Feftungsbau nicht zu unterbrechen, und der Rath wurde aufgefordert, die Koften für die Fortfetzung des Baues einftweilen zu verlegen. Lotter kam diefem Befehle mit allem Eifer nach, und als der Rath, nachdem er bis zu 1000 Gulden vorgefchoffen hatte, erklärte, vorläufig nichts weiter verlegen zu können, ftreckte Lotter den Arbeitslohn fogar einige Wochen aus eigenen Mitteln vor. Endlich bat er im October den Kurfürften um weitere Verhaltungsmafsregeln; es komme ihm nicht zu, ohne Vorwiffen des Kurfürften den Bau einzuftellen und die Arbeiter abzulegen, »dieweill noch Jn drey wochen die Locher der Zwinger mauern Zwifchen der hengerfs pafteien vnd denn petterfsthor domit die Stat wiederumb kunde befridet Vnd zugemacht werden« (sic). Der Kurfürft bat den Rath, die Mittel zum Bau noch eine Zeit lang herzugeben, und verfprach, zur Neujahrs-, fpäteftens zur Oftermeffe alles zurückzuzahlen. Lotter aber erhielt die Weifung, wenn der Rath kein Geld fchaffe, es felber zu verlegen oder »gegen gewönlich Intereffe« irgendwo Geld aufzutreiben. Bis zum Winter follten diefe Feftungsbauten beendigt fein, und dann würde Lotter erfahren, wie es mit dem Schlofs und anderen Gebäuden gehalten werden folle. Und fo fcheint denn in der That die Henkersbaftei und die daranftofsenden Zwingermauern bis Ende des Jahres 1553 vollendet worden zu fein.

Anfang des Jahres 1554 erhielt Caspar Voigt den Befehl, nun »die gewaltige fchwore vnd ftadliche gebeude an den bevehftungen der Stedt vnd Schloffe Leipzig vnnd Drefden« zu vollenden. Vom 2. März 1554 ift der offene Brief des Kurfürften datirt, worin er kund thut, dafs Lotter, »vnfer Baumaifter zu Leiptzigk« beauftragt fei, »vnfern vheftenn baw am Schlofs dafelbft noch fur kunfftigen Oftern wiederumb anzufahen vnnd Jns wergk zubringen«. Die Mittel zum Bau floffen auch jetzt noch immer knapp; wiederholt mufste der Kurfürſt im Laufe des Jahres gemahnt werden, Geld zu fchaffen, da fonſt der Bau liegen bleiben müſſe. Im December 1554 kam er nach Leipzig und befichtigte den Schlofsbau. Wie eifrig ihn Lotter gefördert hatte, geht aus den aufgewendeten Mitteln hervor: es waren feit Wiederaufnahme des Baues 10214 Gulden verbaut worden. Für 4000 Gulden, zur Neujahrsmeſſe fällig, follte im Winter Baumaterial angefchafft werden, und aufserdem wurden noch 15000 Gulden bewilligt, wofür »die noch vbrigen ligend plieben vorgründungen nach der Stadt wartz fampt der vndern Vnd Obern gewelben fcheidt mauern, Thürenn, Vhenſternn, Comien, Heymlichkeiten, Wendelſteinen, Bronnen« und anderem fertig gebaut werden follten. Der Kurfürſt gab fich der Hoffnung hin, dafs 1556 der Bau ficher vollendet fein werde. Es follte fich bald zeigen, wie verfrüht diefe Hoffnung war.

Aufser von der Pleifsenburg und den Feſtungswerken hatte Kurfürſt Auguſt bei feiner Anwefenheit in Leipzig mit Lotter noch von »andern Gebäuden« gefprochen, die in nächſter Zeit aufgeführt werden follten. Von diefen iſt, wenn es wirklich mehrere waren, wenigſtens eins mit Sicherheit nachzuweifen, obgleich es Lotter in der Ueberficht über feine Bauthätigkeit nicht befonders namhaft macht, und zwar eins, das noch erhalten iſt: die Renterei an der Ecke des Thomaskirchhofs und der Kloftergaffe, anderwärts auch als Renthaus, Schöfferei oder Amthaus bezeichnet (Thomaskirchhof 20). Lotter erbaute fie im Jahre 1554.[17]) Es iſt dies ein dreiftöckiger, fchmucklofer Bau; die einzelnen Stockwerke find durch Zahnfchnittgefimfe von einander getrennt, das Portal zeigt im Bogen einen mehrfachen Rundſtab. Das Haus hat neuerdings dadurch allgemeineres Intereſſe gewonnen, dafs im erſten Stock deſſelben das neubegründete Leipziger »Kunſtgewerbemufeum« vorläufig fein Domicil aufgefchlagen hat. Hier findet fich denn auch im dritten Zimmer der einzige Reſt von Sculpturenfchmuck im Innern des Gebäudes: eine merkwürdig geformte Halbfäule oder richtiger Dreiviertelfäule, die an einem Pfeiler zwifchen zwei Fenſtern ſteht. Bafis und Capital find willkürlich gegliedert, der verjüngte polygone Schaft in der eigenthümlichen Weife behandelt, dafs es fo fcheint, als wäre eine runde Säule mit einem polygonen Mantel umkleidet, deſſen einzelne Flächen in ihrer ganzen Länge durchbrochen und fo auf einen blofsen Rahmen reducirt find. Jedenfalls liegt hier eine phantaſtiſche Umbildung der Cancellirung vor.

IV.

Der städtische Baumeister. Das Leipziger Rathhaus.

Während Lotter sich mehr und mehr in der Gunft des Kurfürften Auguft befeftigte, war auch fein Anfehen in der Bürgerfchaft geftiegen, und fein Wohlftand hatte fich wiederum gemehrt. Sein vor dem grimmaifchen Thore »hart am S. Johanshofpithal zur rechten handt« gelegenes Befitzthum, welches bei der Belagerung Leipzigs 1547 niedergebrannt worden war, baute er zwar nicht wieder auf, erwarb aber ftatt deffen durch einen mit dem Rathe getroffenen Taufch »den Raum Jn der katharinftraffen an der Ecke do der priefter haufs geftandenn«, alfo doch jedenfalls zu dem Zwecke, um dort einen Neubau aufzuführen. Das hier genannte Priefterhaus kann nur zu der am Ausgange der Katharinenftrafse befindlichen Katharinenkirche gehört haben und war jedenfalls 1546 gleichzeitig mit der Kirche von Herzog Moritz niedergeriffen worden. Erbaute Lotter an diefer Stelle ein Privatgebäude, fo ift kein Zweifel, dafs diefer Bau noch erhalten ift: es ift das ftattliche, urfprünglich zweiftöckige Eckgebäude der Katharinenftrafse und des Brühl (Katharinenftrafse 13), deffen übereck geftellter, früher mit einem gefchweiften Dache verfehener Rusticaerker mit feiner doppelten Auskragung zu den intereffanteften Reften der Leipziger Renaiffancearchitektur zählt. Im Jahre 1550 kaufte Lotter einen Garten »vf der Aldenburgk« für 700 Gulden baares Geld, 1553 zwei Häufer mit Garten ebenda, das eine von der Tuchmacherinnung für 165 Gulden baar, das andere aus Privathänden für 300 Gulden. Schon 1549 hatte auch Lotter's Bruder Anton an derfelben Stelle ein Befitzthum für 150 Gulden erworben. Auf der »alten Burg«, einem fchmalen Gäfschen, welches fich der rannifchen Baftei gegenüber am rechten Ufer der Pleifse hinzog, wohnten damals die Tuchmacher. Noch in den fünfziger Jahren unfers Jahrhunderts ftand dem alten Theater gegenüber der fogenannte »Tuchrahmen«, ein Haus mit einem grofsen umzäunten Platze, auf dem die Leipziger Tuchmacher wirklich ihre Tuchrahmen hatten. Was wollte aber der Baumeifter hier? Wollte Lotter etwa, während er an der Pleifsenburg und an der Henkersbaftei baute, ein Tuchmachergefchäft eröffnen? Antwort auf diefe Fragen giebt das Leipziger »Handelsbuch« von 1558. In diefem Jahre erfchien der Schneider Kaltofen vor dem Rathe und fagte aus, dafs er Zeuge gewefen fei, wie »Chriftof von Haugwitz wittwe, die Zeit Hofmeifterin zu Weifsenfels, des Hern

Bürgermeifters Hieronimi Lotters Sohnen fur neunvndfunfzig gulden fechs grofchen, wahren abgekauft, hab auch diefelbe auflefen vnd kauffen helffen, Vnd was der Her Bürgermeifter Jn feinem gewelb nicht gehabt, folchs hab er anderswo ausnemen laffen, welche fie fo bald fie aus Dennemarck kommen wurde, zubezalen zugefagt. Nun werde er berichtet, diefelbe Hofmeifterin fey vf der reife aus Dennemarck vmbkommen«. Lotter hatte alfo feinen inzwifchen herangewachfenen Söhnen jedenfalls in der Stadt ein Tuchgewölbe eingerichtet und wird wohl auch auf der »alten Burg« feine eigenen Tuchbereiter befchäftigt haben. Übrigens aber hatte er feine Söhne alle drei auch im Bauhandwerk unterwiefen, fo dafs bald der eine, bald der andre dem Vater in der Leitung feiner Bauten zur Hand gehen konnte.

Es konnte nicht fehlen, dafs der thätige, wohlhabende und ficherlich allgemein geachtete Mann mit der Zeit auch von feinen Mitbürgern zur Leitung der Stadt herangezogen wurde. Die Ehrenftellen, zu denen ein Leipziger Bürger damals im Rathe der Stadt gelangen konnte, waren die eines Rathsherrn, eines Baumeifters und eines Bürgermeifters; fo nämlich hatte man die römifchen Titel *senator*, *aedilis* und *consul* überfetzt. Der eigenthümliche Titel »Baumeifter«, der bis in's 19. Jahrhundert in Leipzig fortbeftanden hat, kann Neuere leicht zu Mifsverftändniffen führen. Oft heifst es in den alten Chroniken, dafs unter dem oder jenem Baumeifter irgend ein öffentliches Gebäude aufgeführt worden fei. In folchen Fällen ift niemals der Architekt gemeint. Diefer wird überhaupt nur äufserft felten genannt, und dann in einer Weife, die jede Verwechslung mit dem blofsen Titularbaumeifter ausfchliefst. Zum Bürgermeifter wurde man nur für ein Jahr erwählt. Doch war es, wie die Verzeichniffe der Leipziger Rathsbeamten zeigen, fehr gewöhnlich, dafs der, welcher einmal das Bürgermeifteramt bekleidet hatte, nach einigen Jahren wiedergewählt wurde und fchliefslich mit einer gewiffen unausbleiblichen Regelmäfsigkeit aller drei, bisweilen auch aller zwei Jahre abwechfelnd mit anderen ebenfo regelmäfsig wiedergewählten das Amt verwaltete. Lotter trat 1549 als vorletzter Rathsherr in den Rath, »Baumeifter« ift er nie gewefen, aber für das Jahr 1555 wurde er zum erften Male zum Bürgermeifter erwählt. Sein Bruder Anton kam 1550 in den Rath und wurde 1554 Baumeifter.

Es war vielleicht kein Zufall, dafs die Stadt gerade jetzt dem bewährten fürftlichen Baumeifter das Bürgermeifteramt übertrug. Faft feit einem Jahrzehnt war fort und fort nur an den Vertheidigungswerken der Stadt gearbeitet worden; an Werke des Friedens zu denken, dazu war die Zeit nicht angethan gewefen. Nach dem Paffauer Vertrage aber waren in Deutfchland wieder Friedenshoffnungen erwacht. Jetzt athmeten die Bürger aller Orten auf, und auch in Leipzig gewann man neuen Muth und fafste den Entfchlufs, eine Reihe ftädtifcher Bauten, die vielleicht fchon feit Jahren beabfichtigt, aber wegen der Unficherheit der Zeit immer unterblieben waren, endlich zur Ausführung zu bringen. Im Jahre des Augsburger Religionsfriedens, 1555, entftanden drei ftädifche Bauten: das Waagegebäude an der Nordfeite des

Marktes, an der Ecke der Katharinenſtraſse (die noch heute erhaltene »alte Waage«), die Baderei im Ranſtädter Viertel und ein Aufbau am Thurme der Nicolaikirche. Die beiden letzten bezeichnet Lotter ſelbſt im Verzeichniſs ſeiner Bauten als ſein Werk, während er die Waage nicht erwähnt. Doch iſt es natürlich höchſt unwahrſcheinlich, daſs die Stadt, wenn ſie ihrem Bürgermeiſter die Ausführung von zwei ſtädtiſchen Bauten übertrug, gleichzeitig einen dritten Bau in andere Hände gelegt haben ſollte. Jedenfalls rechnete Lotter die Waage, ähnlich wie die Renterei am Thomaskirchhofe, die er ja auch nicht ausdrücklich nennt, unter ſeine untergeordneteren Leiſtungen.

Das Waagegebäude iſt ein ſtattlicher, dreiſtöckiger Bau mit einem breiten, zwei Geſchoſſe haltenden Giebel auf der Marktſeite, der in drei Stufen abgetreppt und durch einfache Simſe und Liſenen gegliedert iſt; die einzelnen Stufen ſind von deckelkelchförmigen Krönungen flankirt und haben in den Ecken blinde, mit s- und c-förmigen Voluten abſchlieſsende Füllungen. Der Hauptſims wird durch Conſölchen mit darüber liegendem Zahnſchnitt gebildet. Die Fenſter ſind in der obern Hälfte mit Rundſtäben eingefaſst. Früher ſprang an der linken Hälfte der Façade ein Treppenthurm mit geſchweiftem Dache vor, im Erdgeſchofs viereckig, weiter hinauf bis an den Sims ſechseckig, von Ecklifenen eingerahmt und von demſelben Sims wie das Haus ſelbſt eingefaſst, nur daſs unter demſelben noch ein einfaches Stäbchenornament ſich hinzog. Zwei Eingänge führten, der eine nach dem Kellerraume, der andere nach der Wendeltreppe. Neben dem Thurme befanden ſich aber noch zwei weitere Portale, von denen wenigſtens das eine, rechts vom Beſchauer, eine reichere Behandlung zeigte. Über dem mit Rundſtäben und facettirten Steinen gegliederten Bogen zog ſich, von langgeſchweiſten Conſolen getragen, ein Fries hin, der von einem kleinen attikenartigen Aufſatze mit dem Stadtwappen bekrönt wurde. Dies Portal iſt beſeitigt, ſeit im Erdgeſchofs Gewölbe eingerichtet ſind; der Thurm wurde 1861 abgetragen.

Die Baderei, deren Feſtigkeit und Waſſerdichtigkeit Lotter ſelber rühmt, bildete die Ecke der groſsen Fleiſchergaſſe nach dem Ranſtädter Thore zu. Sie beſtand, nachdem ſie 1690 reſtaurirt worden war, bis 1785. Da wurde die Badeeinrichtung entfernt und das Gebäude zu Wohnungen und Niederlagen eingerichtet. Im Jahre 1827 wurde ſie ganz niedergeriſſen und dafür der jetzige Bau (gr. Fleiſchergaſſe 15) errichtet.

Was endlich den Umbau am Thurme der Nicolaikirche betrifft, ſo ſind die Worte, die Lotter ſelber von dieſem Baue braucht, nicht recht deutlich und ſtehen auch in Widerſpruch mit andern Nachrichten. Lotter ſagt, er habe »auff den zweien Thürmen an S. NicolausKirchen ein Stück Thurmbs in die Höhe auffbauen laſſen«; Heydenreich ſchreibt aber: »Anno 1555 ward der Thurm zu Sanct Niclaſs erbawet, wie er jtzo ſtehet,« und ähnlich berichtet Vogel: »Dieſes Jahr iſt der Mittler-Thurm auff der Niclaus-Kirche erbauet und verfertiget worden.« Indeſſen löſt ſich dieſer Widerſpruch ſehr leicht, wenn man die Ungenauigkeit des Ausdrucks, die in jeder einzelnen von dieſen Angaben liegt, abzieht. Die Nicolaikirche hatte jeder Zeit drei Thürme, die nicht

Die alte Waage in ihrer ehemaligen Gestalt.

getrennt von einander auffliegen, fondern ein Ganzes bildeten, und von denen
der mittlere urfprünglich die beiden ihn flankirenden Glockenthürme nur wenig
überragte. Ein Wohnraum befand fich auch vor Lotter's Zeit fchon auf dem
mittleren Thurme, die alten Fenfterwände deffelben mit ihren eifernen Aus-
tritten für die Stadtpfeifer find noch vorhanden. Lotter nahm aber die Thurm-
haube ab und baute ein Stock auf, fo dafs die Wächterwohnung fortan aus
zwei Stockwerken beftand. Er erhöhte alfo in Wahrheit den mittleren Thurm
»auff den zweien Thürmen«, d. h. über die beiden Seitenthürme hinaus; »erbaut«,
wie die Chroniften fagen, hat er den Nicolaithurm nicht.

Wichtiger aber, als alle diefe Bauten war der im folgenden Jahre von der
Stadt unternommene Neubau des Rathhaufes. Um auch diefen in Lotter's
Hände zu legen, übertrug man ihm für das Jahr 1556 abermals das Bürger-
meifteramt, fo dafs er — ein in der Gefchichte des Leipziger Rathes bis da-
hin noch nie dagewefener Fall — zwei Jahre hintereinander das Bürgermeifter-
amt verwaltete. Das alte Rathhaus war kein einheitlicher Bau, fondern ein
Complex von mehreren Gebäuden, die zu fehr verfchiedenen Zeiten, je nach
Bedürfnifs, errichtet worden waren. Mit der Zeit war es fehr baufällig geworden und drohte endlich gar einzuftürzen, und fo begann man denn Anfang
Februar 1556 es abzutragen und an derfelben Stelle das neue Haus zu erbauen.[15])
Am Salzgäfschen wurde der Grundftein gelegt. Da Lotter von den alten
Fundamenten und fogar von dem Mauer- und Balkenwerke einen guten Theil,
der noch weitere Dauerhaftigkeit zu verfprechen fchien, wieder benutzte und
nicht erft abbrechen liefs, fo wurde der Bau aufserordentlich rafch gefördert:
fchon im September deffelben Jahres war das neue Haus unter Dach. Es heifst,
dafs die fremden Kaufleute, die zur Oftermeffe den Beginn des Neubaues mit
angefehen, als fie zur Michaelismeffe wiederkehrten, »mit Verwunderung über
fo unverhofften Fortgang faft erftarret« waren. Im Jahre darauf wurde der
innere Ausbau vollendet. Die Baukoften follen etwas über 11000 Gulden be-
tragen haben.

Das Lotter'fche Rathhaus begrenzt den gröfsten Theil von der Oftfeite
des Marktplatzes und bildet in feinem Grundrifs ein langgeftrecktes Rechteck.
Jede der beiden Schmalfeiten nach Süden und Norden wird von einem hohen
abgetrepptem Giebel bekrönt, deffen vier Stufen von s- und c-förmigen
Voluten eingefafst find; den Abfchlufs über den Lifenen bilden hier eine
Art Pinienzapfen auf kleinen Poftamenten. Unter dem Giebel im Hauptgefchofs,
aber nicht in der Mitte, fondern mehr nach der Hauptfaçade zu, fpringt beidemal auf derben Confolen ein einfacher, rechteckiger Erker vor. An der
Hauptfaçade nach dem Markte zu erheben fich über dem mit einem Zahnfchnitt verfehenen Sims fechs kleinere Giebel in ähnlicher Behandlung wie an
den Schmalfeiten. Die Fenfter find am ganzen Gebäude meift paarweife
gruppirt und in der obern Hälfte mit durchfchneidenden Rundftäben eingefafst.
Der Thurm, der an der Façade hervortritt, fteht nicht in der Mitte, fondern
theilt die Front in der Weife, dafs zwei von den Giebeln auf die rechte, vier
auf die linke Seite des Thurmes fallen. Möglicherweife waren die alten Fun-

Vom Leipziger Rathhause (ursprüngliche Gestalt).

damente die Veranlaffung zu diefer Thurmanlage. Wenigftens zeigt die »Warhafftige abconterfeyung« von 1547 fchon am alten Rathhaufe deutlich diefelbe Unregelmäfsigkeit. Da das Lotter'fche Rathhaus ebenfowenig wie das frühere die ganze Langfeite des Marktes füllt, fo ift durch diefe unfymmetrifche Anordnung erreicht, dafs der Thurm faft genau die Mitte der Marktfeite einnimmt; und dies war höchftwahrfcheinlich beabfichtigt. Auf jeden Fall macht diefe Unregelmäfsigkeit keinen unfchönen Eindruck, fie giebt im Gegentheil dem Gebäude einen gewiffen malerifchen Reiz und fcheint fo natürlich zu fein, dafs man alten Leuten, die von Kindheit an in Leipzig gelebt haben, als überrafchende Neuigkeit mittheilen kann, der Rathhausthurm ftehe nicht in der Mitte; fie haben das in ihrem Leben nie gefehen. Das untere Thurmgefchofs ift viereckig und enthält den Eingang; nach oben wird es durch einen offnen Altan abgefchloffen, der auf ähnlichen Confolen ruht, wie die Erker an den Schmalfeiten. Oberhalb deffelben geht der Thurm in ein Achteck über, deffen einzelne Seiten von Ecklifenen eingefafst find. Ein kleiner Austritt an der Vorderfeite mit fchmiedeeifernem Geländer ftammt erft aus dem Jahre 1599; er wurde damals ausfchliefslich zur Benutzung für die Stadtpfeifer erbaut. Ueber dem gefchweiften nach vier Seiten hin von fogenannten Ochfenaugen durchbrochenen Helm erhebt fich eine Laterne, die ihrerfeits wiederum mit einer gefchweiften Haube abgefchloffen ift. Die Giebel wurden urfprünglich von hohen Schornfteinen überragt, und das ganze Erdgefchofs entlang zogen fich an Stelle der jetzigen weit über die Umfaffungsmauern hinausgebauten Kaufmannsgewölbe die fogenannten »Bühnen« hin, ein auf gefchweiften Säulchen ruhender, bedeckter Laubengang. Die Langfeite nach dem Nafchmarkte zu ift im wefentlichen eine Wiederholung der Hauptfaçade; anftatt des Thurmes ift hier ein fiebenter Giebel angefügt. Das Hauptportal im Thurmgefchofs zeigt eine durch einen Perlftab gegliederte Archivolte und ift von gekuppelten canellirten ionifchen Säulchen eingerahmt; die auf hohen Poftamenten mit diamentirter Ruftica ftehen. Über den Epiftyl ein Fries mit einem Mäander, in jedem Zwickel ein Kopf en face, weit herausfchauend, mit wehendem Barte. Das Portal an der öftlichen Façade ift wefentlich einfacher gehalten. Es wird von glatten ionifchen Pfeilern eingerahmt; der Sims ift mit einem Zahnfchnitt ausgeftattet, in jedem Zwickel eine einfache Cartouche. Im Durchgange zwifchen beiden Portalen bemerkt man auf der einen Seite eine kleine Thür, die noch den Spitzbogen zeigt.

In das Hauptgefchofs führt eine Treppe mit Kreuzgewölben. Die Abftände zwifchen den Pfeilern find durch kleine, abwechfelnd rechteckige und rautenförmige fchmiedeeiferne Gitter von klarer und fehr anmuthiger Zeichnung ausgefüllt. Zunächft gelangt man in einen grofsen rechteckigen Saal, der die Mitte des Hauptgefchoffes einnimmt, von deffen urfprünglicher Befchaffenheit aber wenig mehr zu fehen ift. Die flache, von acht hölzernen Pfeilern geftützte Putzdecke ift jüngften Datums; noch in den fünfziger Jahren zeigte die Decke ein mächtiges, freifchwebendes Balkenwerk in flachgefchweiften Bogen.[19]) Die lange Rückwand des Saales fchmücken aber noch heute drei ftattliche Kamine, im Aufbau einander gleich, in der Ornamentirung aber voll reicher Abwechslung. Zwei Karyatiden oder Atlanten bilden jedesmal die Träger. Diese

laufen nach unten in einen zurücktretenden hermenartigen Abfchlufs mit einer Maske aus; der Oberkörper von fehr mittelmäfsiger Arbeit, aber energifch bewegt, die Köpfe langgeftreckt, fchmal und von häfslicher Bildung. Auf

vermittelnden Capitälen, die mit Eierſtab und mannichfachem Flachornament gefchmückt find, ruht ein dreitheiliger, durch Perlſtab gegliederter Architrav, darüber
ein Fries, bald mit Masken und Fruchtbündeln (an dem abgebildeten Beifpiele
aus Küchengewächfen), bald mit Engelsköpfen und Draperieen gefchmückt, das
ganze abgefchloffen durch einen kräftigen Sims mit Eierſtab. Mitten auf dem
Sims ſteht entweder das kurfürſtliche oder das ſtädtiſche Wappen, von Eifenbefchlagornamenten oder Rollwerk eingerahmt und von drapirten Obelisken umgeben; auf der Spitze des Wappens eine freiſtehende Figur, das einemal Pallas
mit einem aufgerichteten Kanonenrohr in den Armen, das andremal Juſtitia in
bewegter Stellung mit Schwert und Wage, am dritten Kamin eine weibliche
Figur mit einer Schlange in der Linken, offenbar Hygiea. Wie in vielen
gröfseren und kleineren deutfchen Städten, fo wurde auch in Leipzig diefer
Saal im 16. und 17. Jahrhundert, wo es fonſt in der Stadt an einem gröfseren
Feſtraume fehlte, als Tanz- und Speifefaal benutzt. Bei Anwefenheit fürſtlicher Perfonen wurden Bankets hier abgehalten, an Feiertagen tanzten hier die
Handwerksgefellen, und mit befonderer Erlaubnifs des Rathes zogen nicht
felten auch Hochzeitsgäſte vornehmer Familien, wenn die Mahlzeit im bürgerlichen Haufe vorüber war, »vfs Rathaus tantzen«. Daher heifst in einzelnen
Städten Deutfchlands noch heute der Rathhausfaal das »Tanzhaus«. In Leipzig
erinnert aufser den behaglichen Kaminen noch eine zweite Baulichkeit im
Saale felbſt an die ehemalige Verwendung. An der linken Schmalfeite befindet fich eine von gekuppelten canellirten römifch-toskanifchen Säulchen eingefafste Thür mit geradem Sturz; darüber erhebt fich von zwei gröfseren
canellirten Säulen getragen eine kleine Galerie, die etwa fechs Menfchen faffen
kann. Das war das Orcheſter; hier fafsen die Stadtpfeifer und fpielten zum
Tanze auf. Vogel giebt an, dafs beim Rathhausbaue »Paul Speck, Steinmetz
und Obermeiſter, Paul Wiedemann und Hans Hecker, Zimmermeiſter«
neben Lotter thätig gewefen feien. Diefe Notiz enthält jedoch entweder einen
Irrthum oder einen ungenauen Ausdruck. Paul Widemann war nämlich, wie
aus andren Nachrichten zur Genüge hervorgeht, nicht Zimmermann, fondern
Steinmetz. Liegt alfo keine Verwechslung zwifchen Widemann und Speck
vor, fo find die Bildhauerarbeiten an den Façaden und im Innern, alfo auch
die Kamine, von diefen beiden gefertigt.

An der rechten Schmalfeite des Saales führt eine Thür in ein kleines Verbindungszimmer mit Kreuzgewölbe und einem vierten, den drei befchriebenen ganz
ähnlichen Kamine, und von diefem gelangt man in die »Rathsſtube«. Sie liegt
an der Ecke des Marktes und der grimmaifchen Strafse und bildet einen
quadratifchen Saal. Heute iſt fie bedeutend reſtaurirt, doch zeigt fie noch die
urfprüngliche flache Kafettendecke mit braunen Rofetten in der Mitte der
Felder. Aus der Zeit der Erbauung ſtammt jedenfalls auch noch der mächtige, jetzt mit einem modernen thönernen Auffatze verfehene eiferne Ofen.
Die dünnen eifernen Füfse, die ihn tragen, find mit abnehmbaren maffiven
Meffingfäulen, die Schraubenmuttern an den Kanten mit eben folchen Meffingkugeln verkleidet. Die eine Schmalfeite hängt mit der Wand zufammen; die

andre und die beiden Langfeiten find mit Reliefs bedeckt, die in wunderlicher Reihenfolge auf je zwei Streifen vertheilt find. An der hinteren Langfeite im obern Streifen erblickt man von links nach rechts: das kurfürftliche Wappen, dann eine einzelne Figur, Salomon mit dem Scepter, auf einem runden Confol mit der Infchrift SALAMON, ihm entfprechend rechts am Ende David die Harfe fpielend, mit der Unterfchrift DAVID, zwifchen beiden ein gröfseres Relief mit einem in der deutfchen Kunft des 16. Jahrhunderts vielfach dargeftellten Gegenftande, der Gefchichte der Judith. Links vor einem offnen Zelte find Judith und ihre Magd Abra befchäftigt, das abgefchlagene Haupt des Holofernes in einen Sack zu ftecken; weiter nach rechts erblickt man durch eine zweite Oeffnung deffelben Zeltes Judith und Holofernes bei Tifche fitzend. Diefe zweite Scene ift natürlich, wie auch die Kleinheit der Figuren beweift, nur als Epifode behandelt. Die gröfsere rechte Hälfte des Reliefs wird durch eine fehr figurenreiche Darftellung ausgefüllt, den Kampf um die Mauern Bethuliens. Aus zwei Thoren der zinnenbekrönten Stadt fallen die Bethulier aus und dringen über den Graben — an einer Brücke lieft man die Infchrift ETHVLI — gegen die belagernden Affyrer vor, die mit Büchfen und vier mächtigen, perfpectivifch zwifchen Schanzkörben aufgeftellten Feldfchlangen die Ausfallenden empfangen. Mitten unter den Bethuliern fteht an einen Baum gebunden der Feldherr der Ammoniter, mit der Unterfchrift ACHIOR. In den Zweigen eines Baumes, der das Relief zur Linken abfchliefst, hängen zwei Wappenfchilder über einander, von denen das obere zwei über's Kreuz gelegte Piftolen, das untere einen Drudenfufs und darüber die Buchftaben G. D., alfo den Namen des Giefsers zeigt. Unter dem ganzen Bilde zieht fich die Infchrift hin: ALS · HOLEFERNES · VND · SEIN · VOLCK · GOT · VERACHT · DARVM · IM · (DA)S · GESCHACH · AM · XIIII · CA · Im unteren Streifen der Langfeite beginnt links das ftädtifche Wappen, darauf folgt das kaiferliche, dann wieder eine biblifche Scene: das Opfer Abrahams. Rechts auf einem Scheiterhaufen kniet Ifaak; in der Mitte Abraham mit erhobenem Schwerte, darüber in einer Wolke der Engel, der die Spitze des Schwertes erfafst, links am Rande hinter einem Baume der Widder. Unter dem Bilde die Worte: GENESIS · AM · 22 · CAPPITEL · Abgefchloffen wird diefer Streifen rechts am Ende durch eine ritterliche Geftalt, die fich auf eine Streitaxt ftützt und einen Schild trägt, welcher im linken Felde Maria mit dem Kinde, im rechten drei Kronen über einander zeigt. Unter diefer Figur die Unterfchrift: ARTOS · DER · KONNIGE · Natürlich ift diefes feltfame Gemifch von Gegenftänden durch Zufammenftellung einzelner Platten entftanden; denn die andere Langfeite, jetzt durch eine eingebaute Ofenröhre zerftört, zeigte urfprünglich genau das Spiegelbild der eben befchriebenen. An der Schmalfeite erblickt man nochmals das kurfürftliche und das ftädtifche Wappen. Durch häufiges Schwärzen find die Reliefs im Laufe der Zeit etwas ftumpf geworden; urfprünglich waren fie gewifs von präciferer Formgebung. Die Figuren find bei aller Kleinheit voll Leben und Wahrheit, die Geftalt der Judith fogar nicht ohne Anmuth.

Dafs Lotter nicht einen totalen Neubau des Rathhaufes aufführte, fondern mancherlei von dem alten Haufe zu retten und wieder zu benutzen fuchte, rächte fich fpäter. Im 17. Jahrhundert fenkte fich das Mauerwerk in dem nach der grimmaifchen Strafse zu gelegenen Theile fo bedeutend, dafs man fich 1672 entfchliefsen mufste, diefen Theil bis auf den Grund abzutragen und ganz von neuem aufzuführen. Dabei wurde das ganze Gebäude überhaupt renovirt, die Erker an der Nord- und Südfeite »mit fchönen ausgehauenen Bruchfteinen geziehret«, am Dache »übergüldete küpfferne Drachen-Köpffe« als Ausgüffe befeftigt und unter dem Sims folgende rings um das ganze Haus umlaufende Infchrift angebracht. An der Marktfeite: NACH CHRISTI VNSERS HERRN GEBURTH IM MDLVI. IAHR BEY REGIERVNG DES DVRCHLAVCHTIGEN HOCHGEBOHRENEN FURSTEN VND HERRN HERRN AVGVSTI HERTZOGEN ZV SACHSEN DES H. RÖM. REICHS ERTZMARSCHALL VND CHVRFURSTEN LANDGRAFF IN THVRINGEN MARGGRAFFEN ZV MEISSEN V. BVRGGRAFFEN ZV MAGDEBVRG ETC. IST IN DIESER STADT ZV BEFORDERVNG GEMEINES NVTZENS — an der grimmaifchen Strafse: DIESES HAVS IM MONATH MARTIO ZV BAVEN ANGEFANGEN VND — am Nafchmarkt: DASSELBE IM ENDE DES NOVEMBRIS VOLLBRACHT. DEM HERRN SEY ALLEIN DIE EHRE. DENN WO DER HERR DIE STADT NICHT BAVET SO ARBEITEN VMBSONST DIE DARAN BAVEN WO DER HERR DIE STADT NICHT BEWACHET SO WACHET DER WÄCHTER VMBSONST DES ·HERRN NAHME SEY GEBENEDEYET EWIGLICH AMEN — am Salzgäfschen: BEY CHVRF. IOH. GEORG II. HOCHLÖBL. REGIERVNG RENOV. MDCLXXII. An der Oftfeite nach dem Nafchmarkte zu ift die Infchrift noch heute ziemlich zu lefen, an den übrigen Seiten ift fie bis auf wenige Spuren verfchwunden. [20])

Hiermit ift erfchöpft, was von Lotter'fchen Bauten in Leipzig fich nachweifen läfst. Lotter fchreibt jedoch felbft in feinem Bauverzeichnifs, dafs er »in andern Städten auch umbher dermafsen gebauet, das zuvor nicht geweft«, und von diefen Bauten, die wohl hie und da in den kleineren Nachbarftädten Leipzigs von ihm ausgegangen fein mögen, ift wenigftens einer noch nachweisbar und auch noch erhalten: das Rathhaus in Pegau. Zwar ift es ungenau, was überall nachgefchrieben wird, dafs Lotter das Pegauer Rathhaus »erbaut« habe; er lieferte nur die Pläne dazu, ausgeführt aber wurde der Bau, und zwar vom Jahre 1559 an, von dem fchon oben erwähnten Leipziger Steinmetzen Paul Widemann. Dafs Lotter nicht felber der Baumeifter gewefen, dafür findet fich unter anderm im Gebäude felbft ein unumftöfslicher Beweis. Das Rathhaus befitzt ein lebensgrofses Bildnifs Lotter's, welches, von unbekannter Hand gemalt, im Jahre 1569 dem Pegauer Rathe zum Gefchenk gemacht wurde. Lotter erfcheint hier in ganzer Figur, bekleidet mit einem langen, fchwarzen, pelzbefetzten Rocke, unter dem ein filberbefchlagener Degen hervorblickt, und mit Schnabelftiefeln. In der Rechten hält er zufammengedrückt die pelzverbrämte Kopfbedeckung, in der Linken ein gefaltetes Papier, am Boden liegt der Zirkel. Der gutherzige, übrigens aber nicht fehr ausdrucksvolle Kopf ift von vollem grauem Haupt- und

Barthaar umrahmt. Die unter dem Bilde befindliche Unterfchrift aber lautet: »Anno 1569. Contrafactur des Edlen Ehrenveften vnd hochweifen Herrn *Hieronymi* Lotters Churf. Sächfs. des Fürtrefflichen Schlofs Auguftus Burgk, der Feftung pleyfsen Burgk vnd Rathhaufes Zu Leipzig berümbten Bau vnd Bürgermeifters dafelbft, fowohl defs Rathhaufes zu pegau *Jnventoris* etc. Einem Ehrenveften wolweifen Rath allhier Zu gutem andencken praefentiret von Herrn Chriftoph Burckhardten *Paftorn* zu Grofsdalzig, v. renoviret von Fr. Margaretin Rastrumin Gebohrne Wendelmuthin Ao. 1669 den 1. April«.[21]) Hier ift alfo der blofse *Inventor* dem Baumeifter ausdrücklich gegenübergeftellt.

Das Pegauer Rathhaus ift unverkennbar eine vereinfachte und etwas abgeänderte Widerholung des Leipziger Rathhaufes. Das langgeftreckte Rechteck in der Grundform, die Befchränkung der Höhe auf ein Hauptgefchofs und der hier allerdings faft genau in der Mitte der Façade vorfpringende viereckige, im Hauptgefchofs in's Octogon übergehende Thurm find ohne Zweifel dem Leipziger Gebäude nachgebildet; nur den malerifchen Giebelfchmuck vermifst man. Das Kranzgefims, in welches auch der Thurm mit hineingezogen ift, wird durch kleine Confole und ein darunter hinlaufendes Stäbchenornament ausgeftattet. Der Thurm baut fich von da an, wo er die achteckige Form annimmt, in vier nach oben zu immer niedriger werdenden Stockwerken auf. Das oberfte Stockwerk unter dem Helm ift etwas eingerückt und läfst auf diefe Weife für einen Umgang mit einer auf kräftigen Confolen ruhenden Galerie Raum. An den drei darunter liegenden Stockwerken find die Wandflächen durch Eklifenen eingerahmt, an dem mittleren aufserdem durch Mittellifenen halbirt. Die Fenfter find unregelmäfsig vertheilt, zum grofsen Theil aber paarweife angeordnet und in der auch in Leipzig überall wiederkehrenden Weife umrahmt. Auffällig ift der Überflufs an Portalen, doch zeigen nur zwei davon eine künftlerifche Behandlung. In das Thurmhaus führen zwei gekuppelte Thüren, die von canellirten Pilaftern auf facettirten Bafen eingefafst werden. Unbegreiflicher Weife find fie auffällig unfymmetrifch gebildet. Der rechte Eingang ift etwas fchmäler als der linke, und fo bricht hier der Bogen, der beidemal völlig gleichmäfsig gefchwungen und von innen nach aufsen vierfach — durch Mäander, Rundftab, Perlftab und Eierftab — gegliedert ift, am Mittelpfeiler ab und läfst links einen verftümmelten Zwickel ftehen, der blofs mit einem Blattornament gefüllt ift, während die drei andern Zwickel aufserdem noch Medaillons mit männlichen Köpfen im Profil zeigen. Am linken Eingange, der zu einer hölzernen Wendeltreppe führt, find die Seitenwände zu Nifchen vertieft und mit elegant ornamentirten Sitzfteinen verfehen. Über dem gemeinfchaftlichen Sims erhebt fich in der Mitte ein kleiner attikenartiger Auffatz mit dem kurfürftlichen Wappen und einem geflügelten Engelsköpfchen im Giebel. Eine zweite, etwas einfacher gehaltene Thür liegt in der Mitte des linken Flügels. Sie zeigt diefelbe Pfeilereinfaffung, triglyphirten Fries, Sims mit Zahnfchnitt und in dem Auffatze, der hier durch einen Fries mit zierlicher Blätterkante abgefchloffen ift, den aufrecht fchreitenden Löwen des Pegauer Stadtwappens in gerolltem Ornament. Die übrigen Thüren find ohne Verzierung; eine am rechten Flügel befindliche bildet einen eigenthümlich abgeftumpften Spitzbogen. Das Material ift auch hier daffelbe wie an den Leipziger Bauten. Der Rochlitzer Stein ift in den conftructiven Theilen überall zur Verwendung gekommen; in der Ornamentik verbindet er fich mit weifsem Sandftein zu anfprechender, übrigens bei der verhältnifsmäfsig guten Erhaltung noch heute geniefsbarer Wirkung. Selbftverftändlich find die fämmtlichen Steinmetzarbeiten auf den als ausführenden Baumeifter genannten Paul Widemann zurückzuführen. Ein ftattlicher Raum im Innern des Gebäudes ift der grofse Saal, der den ganzen rechten Flügel des Hauptgefchoffes einnimmt; von künftlerifchem Schmuck ift aber im Gebäude felbft nirgends etwas zu entdecken.

Leipzig erwies fich für die von feinem Bürgermeifter ihm geleifteten Dienfte nicht undankbar. Die drei Haufer mit Gärten, die Lotter nach und nach auf der »alten Burg« gekauft hatte, zinften dem Rathe jährlich 3 Gulden 15 Grofchen und 21 Hennen. Im Februar 1557 aber bewilligte der Rath »Jn anfehen vnd betrachtung, was genanter Her Jheronimus Lotter Burgermeifter, bey gemeiner Stadt nutzlich gethan, vnd noch thun wirt, auf fein bitlich fuchen, bemelt fein forwerg vnd gartten — es find alle drei gemeint — zu einem Erbe zu machen.« Lotter zahlte noch ein für allemal 100 Gulden und löfte damit alle weiteren Steuern ab; nur zu Faftnacht follte er auch in Zukunft alle Jahre dem Rathe »zwo Hennen, oder darfur zwene gröfchen zinfen«. In den Jahren 1558, 1561, 1564 und 1567 bekleidete er wieder das Bürgermeifteramt; fein ältefter Sohn Albrecht wurde 1560 in den Rath gewählt.

Während die genannten ftädtifchen Bauten aufgeführt wurden, war natürlich auch der Bau der Pleifsenburg und der übrigen Feftungswerke vorgerückt. Doch fcheint es, als ob man fich, feit keine weitere Kriegsgefahr zu befürchten ftand, mit dem Baue nicht weiter beeilt habe. Leider fehlen für volle fünf Jahre, vom Sommer 1555 bis zum Sommer 1560, alle Nachrichten über die Fortfchritte des Baues. Möglicherweife hatte während diefer Zeit die Arbeit zeitweilig ganz geruht, namentlich während des Rathhausbaues. Die oberfte Leitung der Feftungsarbeiten hatte fpäter nicht mehr Cafpar Voigt, fondern Hans von Diskau, derfelbe, der 1547 die Vertheidigung der Stadt geleitet hatte. Dafs im Sommer 1560 wieder rüftig am Schlofse gearbeitet wurde, geht aus einer Befchwerde Lotter's beim Rathe hervor, worin er fich beklagt, dafs Paul Widemann, der damals den Rathhausbau in Pegau leitete, den Wochenlohn feiner Maurer von 18 Grofchen auf einen Gulden (21 Grofchen) gefteigert habe, fo dafs die Maurer vom Leipziger Schlofsbau abzögen und nach Pegau liefen, und den Rath bittet, dem Widemann das zu verbieten, dagegen zu geftatten, dafs vielmehr in Leipzig diefe Lohnerhöhung eintrete. Wie weit der Bau in diefem Sommer vorgerückt war, zeigen einige Briefe des Kurfürften an Lotter, worin es das einemal heifst, er folle die Bedachung und das Sparrwerk über die Mauern hervorragen laffen, damit diefe weniger vom Regen zu leiden hätten, und zwar follten die Gebäude noch vor künftigem Winter gedeckt werden; das anderemal fordert ihn der Kurfürft auf, darauf zu achten, »das die Obern gewelbe mit fchifs vnd rauchlochern dermaffen vorfertigt vnd zugerichtet werden, das die nit vorgeblich fein, fondern man Jm fall der noth auch gefchütz darinne brauchen kunne.« Da es an Baumaterial fehlte, fo bekam Lotter vom Kurfürften die Weifung: »Du wolleft bey dem Rath tzu Leipzig von vnfertwegen gnedigft fuchen, das fie vns foviel gebrentte Dachziegel als man zubedachung der Thorpaftej bedurffen wirdet, dero fie fonder tzweifell wohl fo viel vnd mehr im vorrath haben werden, leihen vnnd dir zuftellen wolltenn, Die wollen wir Incn, auffs kunfftige Jar, do man bequemer verordnung des brennholtzes halben thun oder daffelbig neher vnnd rätlicher am Pufchholtze zu Leipzig kauffen kann, widerumb lieuern (liefern) vnnd zuftellen laffenn.« Die nächften Nachrichten über den Bau ftammen wieder erft aus den Jahren 1563 bis 1567. Inzwifchen war Hans von Diskau geftorben, und Lotter erwartete, dafs die oberfte Leitung über die Leipziger Feftungsbauten nun ihm felbft übertragen werden würde. In folcher Abficht fchreibt er im März 1563 an den Kurfürften: »Nachdem ewir C. F. G. fich Jungft verfchiner Zeit, kegen hanfen von difto (Diskau) felligen, Gnedigft Erclert haben, Das ewir C. F. G. an der feftung des Schloffes, vnd dan an deme petterftor, vff dis Jar, alhie Achtaufend gulden vorpauen zulaffen, Gnedigft bedacht wehren, Dieweil aber gedachter Ober Zeug vnd pawmeifter Jn Gott verftorben vnd die Zeit Nummer Zupawen vorhanden, So ftehet es auff dem, Wehn Ewir C. F. G. an ftat des von difto dartzu Ordnen vnd beuelh geben wollen«. Im Februar 1564 fchlägt Lotter dem Kurfürften vor, man könne »Jm Schlofs hoffe den Paw der Katzen, fo die Hintterfte Pafteyen Kegen der Nunnen Muhll Vberhohenn folle, fhurnemen, Dan dieffelb Alberaidt Aufs dem Grundt herauſs gefhurdt«. Die Zwingermauer von der Henkersbaftei an bis an die Futtermauer des Schloffes nach dem Thomasthore zu fei vollftändig fertig; das Petersthor habe wohl noch Zeit. Der Kurfürft war mit dem Vorfchlage zufrieden, forderte ein Modell zur Katze, verfprach auch nächftens felber zu kommen und die neuen Zwingermauern und das Petersthor zu befichtigen. Mit dem Modell, welches Lotter nun einfandte, war aber der Kurfürft nicht zufrieden; es feien, fchreibt er im Mai 1564, zu viel Fenfter und Gemächer darin, gegen grobes Gefchütz werde fie kaum Stand halten. Lotter folle alfo einen foliderer Plan vorlegen, »Wie wir dir dan vmb merer nachrichtung willen hiebej ein abrifs fchicken welchermafsen die von Nurenberg Jre Turne vnd Katzen itziger Zeit gebawet«. Hierauf fchickte Lotter ein neues Modell ein, welches der Kurfürft in Dresden feinen Baumeiftern zur Begutachtung vorlegte, und welches von diefen auch gebilligt wurde. Infolge deffen erhielt Lotter im März 1565 den Befehl: »du wolleft die Katze vnnd den thurn nach aufsweifung des gefchnitzten mufters bawen vnnd vorferttigen laffen, vnnd Jnn allwege darob fein vnd vleiffig zufehen, das folche gebeude fonderlich der thurn recht vnnd wohl vorgründet die gewelbe beftendig gefchloffen vnd das gantze gebeude recht vorfehen vnd vorfurt werde. Damit alfo das geldt nicht vorgeblich dorauff gewendet vnd die gebeude Im fall der noth etwas erleiden vnd ertragen auch zur gegenwehr bequemblich zu gebrauchen fein megenn. Defs folleft du fchadlofs gehalten werden«. Und fo wurde denn in den Jahren 1566 und 1567 der mächtige Schlofsthurm und das daran ftofsende, in den Hof vorfpringende Wohnhaus erbaut. Bei diefer ununterbrochenen, eifrigen Thätigkeit Lotter's im Dienfte des Kurfürften geftaltete fich natürlich das Verhältnifs zwifchen beiden immer inniger und freundfchaftlicher. Sobald Kurfürft Auguft, fei es allein oder mit feiner Gemahlin, nach Leipzig kam, fo ftieg er, wie dies ja früher auch fchon Kurfürft Moritz gethan, nirgend anders als in Lotter's Haufe ab. Lotter war nicht blofs fein Baumeifter, fondern gelegentlich auch fein kaufmännifcher Agent. Wiederholt hatte er z. B. gröfsere Weineinkäufe für den Kurfürften zu beforgen, fo im Dezember 1563 »Etzliche welfche vnd andere wein«, im Februar 1564 »funff fuder des beften Rein weinfs als der zubekommen fein mag vnd dann 5 fuder gutten neckerwein«. Mit ganz befonderer Zuneigung aber hing Lotter an der Kurfürftin Anna; ihr gegenüber liefs er es an allerhand kleinen Aufmerkfamkeiten nicht fehlen. Er liefs es fich z. B. nicht nehmen, bei einem der erwähnten Aufträge, ihr »ein clein fefslein« von einer nicht beftellten Sorte, die aber »heuer zimlich gutt worden«, zum Gefchenk mitzufchicken, und ein anderer, wahrhaft liebenswürdiger Beweis feiner Anhänglichkeit an fie ift fchon aus dem Jahre 1559 aufbewahrt. Bei einem Befuche in Leipzig hatte die Kurfürftin über Tifche den Wunfch geäufsert, einen — Canarienvogel zu befitzen und den Doctor Mordeifen gebeten, ihr einen zu verfchaffen. Lotter, der im Befitz eines diefer damals in Deutfchland noch fehr feltnen Vögelchen war, erfuhr zufällig davon, als die Kurfürftin wieder abgereift war, und beeilte fich nun, ihren Wunfch zu erfüllen. In dem Briefe, den er feinem Boten an die Kurfürftin mitgab, heifst es: »Und hab alspaldt zeiger diffen potten abgefertigett Vnd Ime bemellt Fogellein In feinem alltten Fogelpauer darJn es gewandt vorwardt vberanttwordt, Ime darneben eingepunden das er Jme folchs treulich wolle befohlen fein laffen. Vnd ift mir Jn warheitt nun bey zweye Jarn gar ein liebes Fogellein geweft, hett keinen Papigey darfür genommen, Es fingt Summer vnd Wintter fein gefangk, vnd ich hab einen Fincken gehabt, des gefang hatt es auch gelerntt, Vnd gunne Ewir Chur F. G. folch fogelein von hertzen gerne«.

V.

Lotter in Geyer. Vollendung der Pleifsenburg.

Mitten aus feiner Leipziger Kaufmanns- und Baumeifterthätigkeit heraus wurde Lotter's Aufmerkfamkeit Anfang der fechziger Jahre auf ein Gebiet gelenkt, welches fortan mit unwiderftehlicher Gewalt ihn bannte, einen offenbaren Zwiefpalt in feine Intereffen brachte und für fein fpäteres Leben nur allzu folgenreich werden follte: Lotter fing noch als Sechzigjähriger an, fein Glück im Bergbau zu verfuchen. Was ihn dazu lockte, ift leicht erfichtlich. Sein Vater war etwa vier Jahrzehnte früher in Annaberg durch den Bergbau wohlhabend geworden, fein Bruder Anton fuchte fich gleichfalls dadurch zu bereichern, und wahrfcheinlich ftammte auch feine Frau aus einer reichen Bergmannsfamilie. In dem zwei Stunden nordweftlich von Annaberg gelegenen Städtchen Geyer, deffen Zinn- und Kupfergruben damals eine Ausbeute lieferten, die unerfchöpflich zu fein fchien, war ein Schwager Lotter's als reicher Berggewerke angefeffen gewefen, Chriftoph Bauer oder Pauer. Als diefer — in welchem Jahre, ift nicht mehr zu fagen — ftarb, fo erbte fein Befitzthum fein unmündiger Sohn Hans Heinrich Bauer — die Mutter war wohl fchon früher geftorben — und zwei Schweftern Chriftoph Bauer's, von denen die eine jedenfalls Lotter's Frau, die andre damals fchon zum zweiten Male verheirathet war. Lotter übernahm für den unmündigen Erben die Vormundfchaft, und als auch die Schwägerin 1564 ftarb, fand er ihre zwei aus verfchiedener Ehe ftammenden Söhne für ihren Antheil ab, fo dafs diefe »an allen Chriftoff Pauers ihres lieben Ohmen feligen verlaffenen Erbftücken, Freiheufern, Eckern, holtzen, Wiefen, teichen, Bergk vnd buchwergken (Pochwerken), vnd allem andern nichts ausgefchloffen, desgleichen gegen alle befitzer derfelben gutter volftendige verzicht« thaten. Auf diefe Weife vereinigte er die Verwaltung des ganzen Befitzthums fchliefslich in feiner Hand, und fo war es kein Wunder, dafs die Luft zu eignen Unternehmungen fich in ihm regte. Das erfte directe Zeugnifs dafür enthält fchon ein Brief Lotter's an den Kurfürften vom März 1563, aus welchem aber zugleich erfichtlich ift, dafs die Anfänge diefer neuen Beziehungen noch weiter zurückreichen. Er bittet da den Kurfürften um die Erlaubnifs, den Pleifsenburgbau auf vierzehn Tage verlaffen und die Beauffichtigung deffelben inzwifchen feinem älteften Sohne Albrecht übertragen zu dürfen, weil er vorhabe, »vff die pergkftat zuuorreyffen, Dan ich hab einen Nauen ftoln paw auff dem Geyer Jn ein frey vnuerfchrotten feldt zupauen Angefangen, dofelbft mus ich mit zufehen, Vnd verhoff noch diefen fummer mit der Verleyhung des Almechtigen, an dem Ort wos Rege zu machen«.

Es fcheint, dafs Lotter alle feine irgendwie verfügbaren Mittel von jetzt an auf den Bergbau verwendete. Allerdings kaufte er noch in demfelben Jahre zu feinen übrigen in Leipzig gelegenen Häufern eines hinzu, welches neben der von ihm erbauten Renterei (alfo jedenfalls auf der Kloftergaffe) lag; auffällig ift es aber, dafs er zu diefem Hauskaufe von dem Vater feiner Schwiegertochter Anna, einer gebornen Am Steige, die an feinen Sohn Albrecht verheirathet war, 2000 Gulden leihen mufste. Aus dem Jahre 1564 wird berichtet, dafs Lotter auf eigne Fauft einen Stollen im Grunde Greifenbach, auf der »Gnade Gottes« genannt, von 170 Lachtern angelegt und mit 300 Arbeitern belegt habe; er mufs alfo ausgedehnte Bodenftrecken erworben haben. Aus dem Jahre 1565 hören wir dann noch, dafs er von Valentin Silberhans in Geyer für 125 Gulden Haus und Hof kaufte.[22]) Den Kurfürften, der faft regelmäfsig jedes Jahr in'S Erzgebirge zur Jagd kam, konnte Lotter in Geyer eben fo gaftlich bei fich aufnehmen, wie in Leipzig. Da jedoch gerade bei folcher Gelegenheit wohl keine von feinen Befitzungen in Geyer recht ausreichen mochte, fo erwarb er endlich im Frühjahr 1566 von Heinrich von Etzdorf, dem Amtmanne zu Coburg, einen der beiden damals exiftirenden freien Lehenshöfe in Geyer, den am Abhange des Geyersberges gelegenen, fortan nach ihm benannten Lotterhof. Das zu diefem Hofe gehörige Wohnhaus liefs er abbrechen und baute im Sommer 1566 ein für die damalige Zeit und die örtlichen Verhältniffe fehr anfehnliches Herrenhaus. Diefer Lotter'fche Bau fteht noch; es ift der einzige von ihm errichtete Privatbau, der fich aufserhalb Leipzigs mit Sicherheit nachweifen läfst.

Auf der Südoftfeite des Städtchens erhebt fich der völlig kahle, mit zahlreichen an den ehemaligen Bergbau erinnernden Halden bedeckte Geyersberg, und am Weftabhange deffelben, ziemlich ifolirt, nur dicht neben der Kirche, liegt, mit der Langfeite nach Weften, das Wohnhaus des »Lotterhofes,« ein zweiftöckiger Bau, mit acht Fenftern an der Langfeite, ftattlich und geräumig, aber durchaus fchmucklos. Nur aus den foliden fteinernen Thür- und Fenftergewänden, an denen auch hier, innen wie aufsen, nirgends der Rundftab fehlt, fpricht fofort anheimelnd der Geift des alten tüchtigen Meifters zu uns. Vor zwanzig Jahren waren noch in allen Zimmern getäfelte Decken erhalten; der jetzige Befitzer hat fie aber 1859, weil fie total wurmftichig waren, entfernen laffen. Nur in einem Zimmer des Erdgefchoffes ift noch eine zu fehen, aber auch fie ift, ebenfo wie die Thür- und Fenfterumrahmungen, der alles bedeckenden Tünche zum Opfer gefallen. An der Oftfeite des Haufes find jetzt neue Wirthfchaftsgebäude angebaut. Den Namen »Lotterhof«, der fich im 18. Jahrhundert noch erhalten hatte, kennt heute niemand mehr; man nennt ihn jetzt das »Rittergut Geyersberg.«[23])

Nach Michaeli. 1566 fiedelte Lotter in fein neues Haus über, und im Juni 1567, als er hörte, dafs der Kurfürft wiederum willens fei, mit feiner Gemahlin und feinen Kindern »hieoben an dem gepirge, diefen Summer, das Jagtlager auff dem Geyer zuhaltten«, benachrichtigte er fogleich die Kurfürftin, er habe »Ein Anfehnlich wonhaufs, zubehulff feiner Bergkwergk vnnd Lenderey Erpaudt, Vnd mit Gemachen, Zu ewir Chur F. G. gefallen dermaffen zurichten vnd ferttigen laffen, Jm falle, Do mein Gnedigfter Chur F. vnd herre, Wider bey mir, als Jrem altten wirde (Wirthe), Einkhern vnd pleyben wollte, das fich nach gelegenheit DarJnne woll zubelffen (zu behelfen), Dieweil es dan Vilh gemachfamer vnd funderlich fur die Junge herfchafft, Ein gut beqwemligkeit.« Wohl mehr als einmal wird der Kurfürft von da an in diefem Haufe eingekehrt fein. Schrieb er doch im Januar 1568, als eine Epidemie im Gebirge drohte, an den Rath von Geyer: »wir haben gefehen, dafs euer Kirchhoff aufm Geyer zwifchen den wonheufsern vnd fonderlich zunechft an Hieronimufs Lutthershoff, darinnen wir mit vnfer freundlichen lieben Gemahel junge Herfchafft vnd Hoffgefinde vnfer lager vnd herberche auf den jagt rayfsenn pflegen zu haben gelegen«, und forderte den Rath auf, weil wegen des fteinigen Bodens die Todten dort nicht tief genug beerdigt werden und daher leicht Miasmen entftehen könnten, ihren Gottesacker zu verlegen. Ob der Rath damals diefer Aufforderung wenigftens zeitweilig nachkam, ift nicht zu fagen; heute gelangt man ebenfo wie damals durch ein Pförtchen aus dem Kirchhofe direct in den »Lotterhof«; die Kirchhofsmauer bildet die Grenze zwifchen beiden.

Nach fonftigen Spuren Lotter'fcher Bauthätigkeit fieht man fich in dem wiederholt von fchrecklichen Feuersbrünften heimgefuchten Städtchen heute vergebens um; dafs früher welche vorhanden waren, ift nicht unmöglich. Geyer war gerade in den Jahren 1562—1565 genöthigt, verfchiedene dringliche Bauten vorzunehmen; innerhalb von vier Jahren bauten die Bürger ihre beiden Brauhäufer neu auf, fetzten einen Thurm auf's Rathhaus, renovirten die Kirche und liefsen neben der Kirche den hohen alleinftehenden Thurm mit der Thürmerwohnung aufführen. Möglich, dafs Lotter auch an diefen Bauten betheiligt gewefen. Wenigftens fchreibt er im December 1567 an feinen Schwäher, den Landrentmeifter Barthel Lautterbach, mit deffen Tochter Margarete Lotter's zweiter Sohn Ludwig feit kurzem verheirathet war, dafs ihm der Rath zu Geyer Geld fchuldig fei; »nun findt fie in Warheit gantzs vnvermoglich vnd ob fie mir wol fchuldig, Ich mag Jn aber nit Mahnen«. Und noch im Jahre 1579 hatte er vom Rathe zu Geyer über 210 Gulden zu fordern, eine Summe, deren Höhe diefer damals anfocht. Vielleicht war auch dies eine Baurechnung.[21])

Die Einladung Lotter's vom Juni 1567, in feinem neuen Haufe in Geyer einzukehren, nahm der Kurfürft auch diesmal an. Die Begegnung aber, zu der es hierbei zwifchen beiden kam, follte für Lotter verhängnifsvoll werden. Im Frühling deffelben Jahres waren die berüchtigten »Grumbachifchen Händel«, die dem Kurfürften feit 1558 zu fchaffen gemacht hatten, endlich beigelegt worden. Am 13. April 1567 hatte Herzog Johann Friedrich nach mehr als dreimonatlicher Belagerung in Gotha capitulirt und fich dem Kurfürften auf

Gnade und Ungnade ergeben, Grumbach und feine Anhänger waren ausgeliefert und am Tage darauf hingerichtet worden. Zur Erinnerung an diefe Ereigniffe liefs Auguft bald darauf eine Gedächtnifsmünze prägen mit der Umfchrift: *Tandem bona causa triumphat*. Aber er wollte die Freude über den endlich errungenen Sieg auch noch in grofsartigerer Weife an den Tag legen. Wie 143 Jahre fpäter der fächfifche Kurfürft und König von Polen Auguft der Starke, als fein gefährlicher Gegner Carl XII. von Schweden in der Schlacht bei Pultawa unterlegen war, am 8. Auguft 1709 fich von den fchimpflichen Bedingungen des Altranftädter Friedens losfagte und zwei Tage darauf den Befehl zur Erbauung des Zwingers in Dresden gab, fo ordnete Kurfürft Auguft am 9. April 1567, alfo bereits vier Tage v o r der — allerdings ficher zu erwartenden — Capitulation feines Feindes, den Bau eines grofsartigen Jagdfchloffes im Erzgebirge an, welches den Namen des Siegers tragen follte. Auch hier gilt einigermafsen, was H. Hettner vom Zwingerbau fagt: »Das durch den Sturz des Feindes erhöhte Machtbewufstfein wollte fich in monumentaler Pracht entfalten«. Als Bauplatz hatte er den drei Stunden öftlich von Chemnitz am Einflufs der Flöha in die Zfchopau gelegenen S c h e l l e n b e r g auserfehen, der, nord- und oftwärts nach dem gleichnamigen Städtchen hin fanft fich fenkend, nach der entgegengefetzten Seite fchroff abfällt und mit prächtigem Schwarzwald bedeckt ift. Hier hatte fchon feit alten Zeiten ein Schlofs geftanden, welches aber im April 1547 bei einem heftigen Frühjahrsgewitter vom Blitze getroffen und zur Hälfte eingeäfchert worden war. Herzog Moritz hatte während des Schmalkaldifchen Krieges nicht an den Wiederaufbau denken können, fein Nachfolger war durch die politifchen Wirren ebenfalls bisher daran verhindert gewefen, und fo hatte das Schlofs Schellenberg volle zwei Jahrzehnte als Brandruine dageftanden. An feiner Stelle follte nun ein impofanter Neubau fich erheben, und auf die alten Schultern des nahe an fiebzigjährigen Lotter wurde die Laft des Baues gelegt. Als der Kurfürft im Juli nach Geyer kam, legte er Lotter feinen Plan vor. Diefer bat zwar feines »obliegenden vnermoglichen alters halben« den Kurfürften dringend, von feiner Perfon abzufehen, aber er ging von feinem Entfchluffe nicht ab. Auch die Kurfürftin Anna, die mit anwefend war, verfuchte ihren Einflufs; fie nahm Lotter auf die Seite, und »auff dem Geyersbergifchen hof Jm kleinen fchreibftueblein« bat fie ihn eindringlichft, ihrem Herrn und Gemahl die Bitte nicht abzufchlagen, und verfprach, wenn er fich entfchliefsen würde, den Bau zu übernehmen, ihm »es funderlich mit allen gnaden gedencken« zu wollen.

Lotter liefs fich endlich überreden. Er reifte im Auguft nach Schellenberg, um den Bauplatz in Augenfchein zu nehmen, und fchickte fchon nach wenigen Tagen dem Kurfürften ausführliche Vorfchläge über alle zum Bau zu treffenden Vorbereitungen. Anfang September fand fich diefer perfönlich auf dem Schellenberge ein und verftändigte fich mit Lotter über zahlreiche Einzelheiten. Insbefondre follte, um feine Aufgabe ihm etwas zu erleichtern, ein jüngerer Baumeifter an feine Seite geftellt werden. Der Kurfürft hatte davon gehört, dafs Graf Günther von Schwarzburg »einen bawman oder werckmeifter hette, welcher die Cammine wol bauen vnd dermafsenn zurichten konte, das diefelbigen den rauch wol fingen vnnd nach fich zogen«. Er fchrieb daher an den Grafen und bat ihn, er möge feinen Baumeifter veranlaffen, fich fchleunigft mit Lotter in Verbindung zu fetzen. Diefer »bawman« war ein Niederländer und führte einen im 17. Jahrhundert in der niederländifchen Malerei hochberühmt gewordenen Namen: er hiefs Erhard oder Gerhard van der Meer. Es wurde ein Vertrag aufgefetzt, nach welchem fich Erhard verpflichtete, kommendes Frühjahr fich auf dem Schellenberge einzufinden und für »Sechs guldenn grofchenn« die Woche am Bau mit thätig zu fein. Die Schlufsworte des Contracts legen für den Bildungsgrad des Niederländers ein charakteriftifches Zeugnifs ab; es heifst nämlich am Ende: »Defs zue vrkundt vnnd aus mangelnus defs das Erhardt vonn der Mehr kein Pettfchafftt gehaptt auch felbft nicht fchreiben kan, So findt diefer fchriefftt zwu gleichs lautts geftaltt, aufs einander gefchnittenn, der ieder thail eine behalttenn«. Lotter fcheint denn auch wenig Neigung gehabt zu haben, mit diefem fremden, ihm aufgenöthigten Unterbaumeifter fich einzulaffen; auf der Rückfeite der erhaltenen Abfchrift des Contracts findet fich die jedenfalls an den Kurfürften gerichtete, freilich nicht fehr vertragsmäfsige Bemerkung: »khan man Jn prauchen, fo wirdt er gefordert, darf man feiner nit, fo left man In daheym«.

Noch im September wurde mit der Niederlegung der alten Brandruine begonnen, einem fchwierigen Stück Arbeit, das fich bis in den November hinzog; namentlich leiftete der Thurm allen Verfuchen, ihn zu fällen, Wochen lang hartnäckigen Widerftand. Nur das Thorhaus und ein paar andre Räume liefs man auf des Kurfürften Wunfch vorläufig noch ftehen, weil Lotter den Winter über darin wohnen follte, um die Vorarbeiten zum Bau zu beauffichtigen; »das pringett bey den Beuehlsleutten vnnd arbeitternn ein groffen fchew«. Schliefslich fchenkte ihm der Kurfürft aber das ganze »Altwüfte haufs Schellenberg«, und fo befchlofs denn Lotter, von dem Abbruchsmaterial fich ein befonderes Wohnhaus in der Nähe des Schloffes zu erbauen. Mittlerweile waren im October auch verfchiedene Baupläne und eine »gefchnitzte Fifirung« fertig und dem Bauherrn zur Auswahl vorgelegt worden, und da diefer mit dem Modell in der Hauptfache einverftanden war, fo drängte er Lotter, noch im Spätherbft einen Anfang mit dem Neubau zu machen; »do es die Zeit, vnd das wetter leiden wolle«, folle er »noch vor wintters, ein ftugk grundtmauer gegen der hirfchlecke herauf furen«. Freilich wurde bei dem zeitigen Einbruche des Winters nicht viel zu Stande gebracht; die Grundfteinlegung mufste bis zum Frühjahr 1568 verfchoben werden.

Zu derfelben Zeit, als Lotter mit Widerftreben den Auftrag zum Baue der Auguftusburg angenommen hatte, ging der Pleifsenburgbau feinem Abfchluffe entgegen. Lotter behielt natürlich auch über diefen die oberfte Leitung bei, überliefs aber die weitere Ausführung vor nun an feinen Söhnen. Unter diefen fcheint Albrecht — wiewohl er im Leipziger Rathe feit 1566 den Titel »Baumeifter« führte — am wenigften erfahren als Baumeifter gewefen zu fein. Er unterftützte den Vater meift in Leipzig in feinen kaufmännifchen Gefchäften, besorgte Materialeinkäufe für ihn, und nur gelegentlich vertrat er ihn dann und wann einmal auf dem Bauplatze. Tüchtiger war jedenfalls der zweite Sohn Ludwig. Dieser war 1567 in den Leipziger Rath gewählt worden, und ihm insbesondere übertrug Lotter im Einverständnifs mit dem Kurfürsten im Herbst desselben Jahres die Aufsicht über den Leipziger Schlofsbau. Bereits Ende October 1567 sandte Ludwig Lotter einen Anschlag über den Bau der einen Zugbrücke nach Dresden, und im November wurde der Bau dieser Brücke in Angriff genommen. Am 1. December 1567 aber, während der alte Lotter auf dem Schellenberge noch spät im Jahre damit beschäftigt war, die Vorbereitungen zu seinem neu übernommenen Werke zu treffen, wurde in Leipzig die Vollendung desjenigen gefeiert, an dem er nun seit achtzehn Jahren thätig gewesen war. Die Pergamenturkunde, die an diesem Tage in dem Thurmknopfe der Pleifsenburg verwahrt wurde, ist im k. Finanzarchiv in Dresden noch im Originale vorhanden; sie wurde im Jahre 1787, als die Haube des Thurmes herabgenommen wurde, wohlerhalten wieder aufgefunden. Und so möge sie denn als dasjenige Document, welches alle bisher verbreiteten Nachrichten über die Zeit des Pleifsenburgbaues auf's bestimmteste widerlegt, hier wörtlich mitgetheilt werden. Sie lautet:

»Bepder der durchlauchtigsten hochgebornen fursten vnd herrn herrn Mauricio hochlöblicher vnnd seliger gedechtnis vnd herrn Augusto gebrudere hertzogen zu sachssen des heiligen Römischen reichs Ertzmarschalhen vnd Churfursten landgrauen in duringen Marggrauen zu Meieffen vnd Burggrauen zu Magdeburgk, Vber ihrer Churfurstlich gnaden schlos pleiffenburgk vnd der stat Leiptzigk Shestlunng verordenter Bawmeister Jeronimus Lotter Burgermeister Alhier hatt dieffen thorm Geneben deme fürstlichen whonhaufe so zu nechst doran oder dahinter ligbt inn zweien iharen sommer zeitt des vorgangenen vnd itzigen sechs vnd sieben vnd sechssigisten ihars aufbawen vnd vnter die lachung bringen laffen vnd demnach hochbedachter Churfurst Augustus zu ihrer Churfurstlich gnaden felosbam auffm schellenbergk obgemelden Burgermeister Lotter auch zum Bawmeister dahin verordnet so hatt in abweffen des Burgermeisters Lotters sein sohn Ludwig Lotter dieser zeitt des raths einnemer alhier dieffen Knopff machen vnd auff heutt dato den ersten monatstagh decembris hinauffsetzen lassen der almechtige got vorleihe das ehr viel ihar vnd lange dorauff stehen bleiben moge domitt solcher thorm darzu ehr gebauet vnd vormeint ist nicht dorffe gebraucht werden«.

Im Frühjahr 1568 begann der innere Ausbau des Thurmes. Lotter schlug dem Kurfürsten vor, dafs die einzelnen Stockwerke nicht gewölbt, sondern anstatt der Gewölbe starke eichene »Brückenhölzer« und darauf dicke eichene Pfosten gelegt werden sollten; diese noch mit Erde zu beschütten werde nicht nöthig sein. »Das die Normburgischen thurm mit Erden aufgefuldt oder sunst gar aufsgemauert sindt, das ist dis die Vrsach sie sindt Vor Alters gefiert gepaudt geweft, itzt bey wenig Jaren hat mann eine Runde vercleydung vmbher gefunden daruff in der mytten man vff die altten Mauren hat sueffen khunen«. Eine weitere Nachricht datirt wieder erst aus dem Sommer 1569. Da berichtet Lotter, dafs »der Leyptzische Schlofpaw auch so weit gebracht, das nunmehr die stubenn gedieldt vnndt die decken gemacht sollenn werdenn. Vnndt es wirdt fonnſten difs Jahr ein grofs Stuck mauer zu der Verdachung kegen der Stadt auffgefurt. So ift noch ein ftuck futtermauer kegen dem Thomaſſer Thor zu machen Angefangenn. Die wirdt hie zwifchen vndt Michaelis auch hieraus gefurt, das nunmehr folcher Schlofpaw bis auff die Auffürung des grabens fertzig gemacht. Das alfo in dem beftendigenn wehrendenn haus vndt fchlos Paw fortthin altzeit eine Tapper Suma getreydig vnndt wein kann geleget vnnd bewarett werdenn, Wil der Vheftung zubefchützung gemeiner Stadt, dieweyl ich Baumeifter geweft, zurechnen vnderthenigft gefchweygen«. Der Kurfürſt mahnte hierauf, bei der inneren Einrichtung möglichft fparfam zu verfahren; er habe nicht die Abficht, »auf diefelbigen gemach herrliche zier oder groſſen koſten zu werffen Jft auch zu vehftungen nicht breuchlich noch nötig derhalben wolleft die Decken vnnd andere tifcherarbeit fein fchlecht ohne fondere kunftliche Zier laffenn«. Was den Kurfürften zu diefer ängftlichen Sparfamkeit drängte, wird aus der Baugefchichte der Auguftusburg klar werden. Für die Gefchichte des Pleifsenburgbaues ift diefe Notiz — abgefehen von einer einzigen, fpäter noch mitzutheilenden — die letzte, welche überhaupt erhalten ift.

VI.

Die Augustusburg.

Die Augustusburg zeigt die gewöhnliche Schlofsanlage der Renaiſſance: fie beftcht aus vier vierftöckigen Eckhäufern von quadratifchem Grundriss, die aber hier nicht die Bedeutung blofser Pavillons oder Thurmhäufer haben, fondern die eigentlichen Hauptgebäude ausmachen, und die durch fchmälere Zwifchengebäude von rechteckiger Grundform unter einander verbunden find. So bildet das Ganze an der Aufsenfeite, wo die Mittelgebäude mit den Eckhäufern in einer Fluchtlinie liegen, ein grofses Quadrat, deſſen Seiten übrigens faſt genau nach den vier Himmelsgegenden gerichtet find. Der Haupteingang, zu welchem man vom Städtchen her durch ein befonderes Thorhaus über eine bergangehende ſteinerne Brücke auffteigt, liegt im nördlichen Mittelgebäude, ein zweiter gegenüber im füdlichen Querbau. Die rechts und links vom Haupteingange, alfo nach Nordweft und Nordoft liegenden Eckgebäude heifsen das »Sommerhaus« — wegen feiner fchattigen und kühlen Lage — und das »Lindenhaus« — nach der dabei ſtehenden, fchon zur Zeit der Erbauung des Schloſſes bewunderten coloſſalen Linde —, die beiden an der Rückfeite nach Südweſt und Südoft liegenden das »Haafenhaus« und das »Küchenhaus«. Nur das öſtliche Mittelgebäude, die Kirche, tritt weiter als die übrigen drei im Hofe zurück und dafür nach aufsen weit über die Eckhäufer hervor. Der Hofraum bildet alfo ein breites Kreuz, deffen Fufs an der Kirche liegt. Nur an der Aufsenfeite erfcheint der mächtige, aus Bruchsteinen aufgeführte kafemattenartige Unterbau, der die Kellerräume enthält und vom Erdgefchofs durch einen ringsum laufenden Wulst abgetrennt wird; im Hofe, wo das Niveau um etwa fieben Ellen höher liegt, ist diefer Unterbau nicht sichtbar. Aufsen wie innen aber laufen am Hauptgefims über einem zweiten Wulst zahllofe plumpe Confole hin, welche urfprünglich offene steinerne Galerieen trugen, die fich an der Hoffeite sowohl wie an der Aufsenfeite rings um das ganze Schlofs herumzogen. Diefe Galerieen find ein Opfer blöden Aberglaubens geworden. Sie waren auf dem Fufsboden mit Blei gedeckt, und weil man glaubte, dafs Blei, wenn es hundert Jahre lang dem Wetter ausgefetzt gewefen, zu Silber gradirt fei, fo rifs man im Jahre 1669, hundert Jahre nach der Erbauung, diefe Bleiböden herunter und legte fo den Grund zu dem Ruin der Galerieen. In den fechziger Jahren des vorigen Jahrhunderts mufste man fie zunächst an der Kirche, 1776 auch an allen übrigen Theilen des Schloffes abtragen. Die einfachen Satteldächer, die man heute am Bau fieht, waren früher, wie das mächtige Balkenwerk im Innern zeigt, nach aufsen gefchweift, auch von hohen Schornsteinen überragt. Auf jedem Eckhaufe erhebt fich in der Mitte ein niedriger, viereckiger Thurm, früher ebenfalls mit gefchweiftem Dache verfehen. Aufserdem befindet fich ein kleiner Glockenthurm auf dem südlichen Zwifchengebäude über dem Thore; die Kirche hat keinen Thurm. Zahllos ist die Menge der Fenster, die in unregelmäfsigster Anordnung und in den willkürlichsten Formen und Gröfsen die Wandflächen durchbrechen. Meist find fie paarweife verbunden und dann bisweilen je zwei von einem dreieckigen Giebel oder, wie es an der Kirche durchgeführt ist, in unfchöner Weife von einem breiten Bogenfenster überdacht. Am Glockenthurm finden fich fogar an der Aufsenfeite zweitheilige Rundbogenfenster in ganz romanifcher Weife. Die Umrahmung mit Hohlkehlen und Rundstäben in der obern gröfsern Hälfte ist auch hier das Gewöhnliche.

Während fo der Bau im Ganzen einen fehr fchlichten und fogar derben Charakter an fich trägt, äufsert fich wenigstens an den vier Portalen das Streben nach Mannichfaltigkeit und Reichthum. Der Haupteingang im nördlichen Mittelgebäude zeigt an der Aufsenfeite ein impofantes Rusticaportal, welches von hoch über den Thorbogen hinausragenden Pfeilerpaaren eingerahmt ist. Zwifchen den Pfeilern mündet rechts und links noch eine kleinere Pforte. Ueber dem Architrav liegt ein breiter, von einem kräftigen Sims abgefchloffener Fries, der oberhalb der Pfeiler durch Pilaster unterbrochen ist. Von den langgestreckten Wölbsteinen der drei Thorbogen ist der Schlufsstein jedesmal durch ein phantastifches, vortrefflich auf die abnorm gestaltete Fläche componirtes Gesicht gefchmückt, am Hauptthor durch ein menfchliches Antlitz mit Widderhörnern, weit geöffnetem Munde und langem, frei herabfliessendem Barte, an den Seitenthüren durch einen katzen- oder löwenähnlichen Kopf, ebenfalls mit Widderhörnern und in einen Zopf zufammengeflochtenem Barte. Viel einfacher ist das Portal an der Rückfeite gehalten. Es ift von fchlichten Pfeilern eingefafst, hat flachen Bogen, der im Schlufsftein mit einem Lederornament gefchmückt ift, und wird von einem auf drei Confolen ruhenden Giebel bekrönt. Das reichfte Portal befindet fich diefem gegenüber an der Hoffeite des füdlichen Quergebäudes. Aber nur das Thor felbft mit feinen glatten Pfeilern und feiner mit Eifenbefchlagornament überzogenen Archivolte, die am Schlufsftein einen behelmten, bärtigen Kriegerkopf zeigt, ftammt aus der Zeit der Erbauung. Die prächtige, aus fünf Steinplatten gearbeitete und urfprünglich reich bemalte und vergoldete Bekrönung — zwei Löwen in gefpreizter Stellung und mit wüthend dem Befchauer zugekehrtem Kopfe, die das kurfürftliche Wappen halten — verräth durch ihre barocke Behandlung einen fpäteren Urfprung. Sie wurde, wie das unter ihr auf einem kupfernen Streifen ftehende Chronoftichon lehrt:

ANNO
ET NOSTRA HIC RESTAT VIRIDANS E GERMINE RVTA

erft im Jahre 1614 bei einer von Kurfürft Johann Georg I. vorgenommenen Reftaurirung hinzugefügt. Von diefer und einer andern fchon elf Jahre früher unter Kurfürft Chriftian II. ausgeführten Renovation erzählen auch die beiden Infchriften, die auf fteinernen Tafeln, in verfchnörkelter Curfivfchrift und von barocken Cartouchen eingerahmt, zu beiden Seiten des Thores in die Wand eingelaffen find, zur Linken:

D. O. M.
SOSPYTATORY
VNYCO
S.

Dux Avus Augustam hanc Augustus condidit arcem
Ensiger Imperij patriae in Misnensibus arvis,
Cura bis Ensigerum hanc fecit reparare Nepotum
Ex jufsu primum Christianj nempe secundj.

zur Rechten:

Jamque iterum jufsit Janus renovare Georgus
Ensiger Imperij Sacrique Vicarius olim
Imperij ut Caefar Rudolphus liquit habenas
Et nondum Caefar Matthias sumsit habenas.
Est Augusta Domus, quam stirps Augufta perennet,
Plures ex uno videatque Nepote Nepotes.

Wie aus einer Befchreibung der Auguftusburg [25]) vom Jahre 1770 erfichtlich ift, ftanden früher vor diefem Portale auch noch »zwo fteinerne fchwarze hohe runde Seulen auf ihren Poftementen, auf welchen fich zwey fteinerne Mannsbilder 1 1/2 Elle hoch, auf römifche Soldatenart bekleidet und gewafnet befinden, die fich mit der einen Hand auf einem Schilde, fo neben ihnen zum Füfsen ftehet, ftämmen«. Das vierte Portal endlich, an der Aufsenfeite nach dem Wirthfchaftshofe zu, zeigt eine derbe Ruftica und ift, abgefehen von einem löwenartigen Kopfe am Schlufsftein, ohne Ornament. Die Portale find, eben fo wie die sämmtlichen Fenstereinfassungen, aus Rochlitzer Stein gehauen; die Bildhauerarbeiten daran rühren, gleich denen im Schlosse selbst, von Paul Widemann her. Das Innere des Schlosses befindet sich, mit Ausnahme der wenigen noch jetzt benutzten Räume, in einem Zustande unbeschreiblichen Verfalls. In jedem Eckhause liegt im dritten Stock ein »Saal«, im Lindenhause der »Vogelsaal«, im Sommerhause der »Tanzsaal«, im Hafenhause der »Venussaal«, im Küchenhause der »Speisesaal«, ausserdem im zweiten Stock des westlichen Quergebäudes, der Kirche gegenüber, der »Fürstensaal«. Diese Räume stehen sämmtlich unter einander in directer Verbindung. Ist man einmal im ersten Eckhause die Treppe hinaufgestiegen, so kann man nach allen Theilen des Schlosses gelangen, ohne erst wieder in den Hof zurückkehren zu müssen; nur die Kirche ist von diesem Zusammenhange ausgeschlossen. Aber von dem früheren Schmuck dieser Räume sind heute nur noch traurige Überreste zu sehen. Wohin man blickt, zwar überall die Spuren ehemaliger Farbenpracht: an den Decken, in den Fensternischen und um die Thürgewände; in vielen Zimmern stattliche steinerne Kamine, bald in einfacher, bald in reicherer Behandlung; aber von den Decken hängen Tapetenfetzen herab, von den Wänden ist der Putz gefallen, und der Fufs schreitet, nicht ohne Gefahr, über blofsliegende Balken und unsägliche Schuttmassen. Den trostlosesten Anblick gewährt der »Fürstensaal«, der seinen Namen den mehr als dreifsig Fürstenportraits verdankt, die anfänglich an seinen Langseiten aufgehängt waren, und die Lucas Cranach d. J. auf Kurfürst August's Bestellung geliefert hatte. Leidlich erhalten sind noch die Malereien im »Hasenhause«. Hier hatte der Maler — es war Heinrich Göding aus Braunschweig — denselben Scherz getrieben, wie an dem früher erwähnten Leipziger »Hasenhause«. Auch hier tummelte sich an den Friesstreifen über den Thüren und Kaminen Lampe in hundertfältiger Gestalt und in allen denkbaren menschlichen Verrichtungen. Vielleicht, dafs einem Leipziger Patricier jener Zeit, der die Augustusburg besuchte, diese seltsame Zier so ausnehmend gefiel, dafs er an seinem Wohnhause in Leipzig sie nachnahmen liefs. Hier im »Venussaale« des Hasenhauses ist es auch, wo der Maler — wie es in der oben angeführten alten Beschreibung heisst — »das gröfste Meisterstück bewiesen hat. Er hat sich oben am Camine im Bildnisse zwar angelegt, aber nicht ausgemahlet. Unten am Camine liegen die Pinsel nebst andern Mahlerinstrumenten, gleichsam nachläfsig hingemahlt. Wenn man sagen wollte, er habe dadurch den Schlufs seiner Arbeit anzeigen, und gleichsam einem andern, wem es beliebe, die Freyheit lassen wollen, ihn auszumahlen, oder seine ganze Arbeit überhaupt zu verbessern, so glaube ich eben nicht, dafs man viel irren wird.« Im »Speisesaale« waren an der Decke Malereien angebracht, welche, wie es scheint, in drastischer, aber witzloser Weise die mannigfach verthierenden Wirkungen übermäfsig genossener Tafelfreuden veranschaulichten. Jetzt sind nur von den Inschriften noch einige Bruchstücke zu sehen, doch hat die mehrfach erwähnte alte Beschreibung der Augustusburg auch einzelne Proben von den Bildern aufbewahrt: »Zwey Männer schlagen sich mit blofsen Degen, da der eine einen Hieb auf den Kopf bekommt; sie haben ein ganzes und zerbrochenes Glas vor sich; zwischen ihnen stellt sich ein

Schiedsrichter ein, mit einem Saufpiefs; unter ihnen fitzt ein Löwe, mit der Beyfchrift:

> Wir fchlingen den Wein ohn einiges Käuen,
> Drum werden wir grimmig gleich den Leuen.

Ferner: Unten am Tifche fitzt ein Mann im weifsen Kleide, und hebt die Hände auf; unter ihm fitzt ein Schaf, mit der Beyfchrift:

> Je völler, je frömmer ich bin,
> Wie ein Schaf hab ich einen Sinn.

Noch mehr: Fünf Perfonen fitzen am Tifche, darauf zwey Gläfer und Pocale ftehen. Einer fchenkt ein, der andere jauchzet mit aufgehabenem Arm, der dritte fäuft, der vierte fchläft, und der fünfte entlediget fich des Überfluffes; darbey liegt eine Saue mit der Beyfchrift:

> Wir haben getrunken viel guten Wein,
> Drum reifsen wir Poffen als wie ein Schwein.«

Diefelbe Zeit, die fich an diefen Späfsen ergötzte, fand auch kein Arg darin, die Kirche dicht neben das »Küchenhaus« zu bauen. Der Plan zur Kirche ftammt nicht von Lotter felbft, fondern von Erhard van der Meer. Auffalliger Weife liegt fie der Länge nach von Nord nach Süd, fo dafs der Altar mit dem darüber befindlichen Orgelchor an der füdlichen Schmalfeite, die Kanzel an der öftlichen Langfeite angebracht ift. An beiden Langfeiten wie an der nördlichen Schmalfeite find doppelte Arcadenhallen mit weitgefpannten, halbkreisförmigen Bogen — vier an jeder Langfeite, zwei an der Schmalfeite — eingebaut, die unten von gedrungenen toskanifchen, in den Emporen von fchlankeren ionifchen Halbfäulen eingefafst find. Auch hier ift das Material uberall Rochlitzer Stein, leider jetzt mit gelber Farbe überftrichen. Der Schaft der Säulen ift durchweg glatt; nur die Viertelfäulen, welche die untere Bogenhalle in den Ecken abgrenzen, haben Canellirung. Die Emporen find durch Triglyphen belebt und von einem weit vorfpringenden Sims abgefchloffen. Die Decke bildet ein Tonnengewölbe, welches über und über mit derbprofilirtem geometrifchem Flachornament überzogen ift. Das Ganze zeichnet fich durch einfach ftrenge und tüchtige Behandlung aus. Mit diefer kräftigen Architektur contraftirt auffallig der hölzerne, reich gefchnitzte, bemalte und vergoldete Altar, das Werk eines Meifters Schreckenfuchs aus Salzburg. Er wird von fchlanken korinthifchen Säulenpaaren eingefafst, und über dem Sims erhebt fich ein prächtiger attikenartiger Auffatz mit dem Bilde der Dreieinigkeit; rechts und links davon, von Löwen gehalten, das kurfürftlich fächfifche und das dänifche Wappen. Das Altarbild, welches Lucas Cranach d. J. lieferte, zeigt Chriftus am Kreuze, rechts als Epifode die Auferftehung, links Jefus im Garten Gethfemane. Als landfchaftlicher Hintergrund ift auf der rechten Seite die alte Burg Schellenberg benutzt, auf der linken das alte Schlofs Lochau bei Schweinitz an der fchwarzen Elfter, an deffen Statt Kurfürftin Anna kurz nach der Vollendung der Auguftusburg unter dem Namen Annaburg ebenfalls ein neues Schlofs erbauen liefs. Am Fufse des Kreuzes knieen anbetend, aber dem Befchauer zugewandt, zur Linken Kurfürft Auguft mit acht Söhnen, zur Rechten Kurfürftin Anna mit fechs Töchtern. Die gleiche feine Behandlung wie der Altar zeigt die hölzerne, ebenfalls mit bunten Schnitzereien gefchmückte Kanzel. Sie ruht auf einem den übrigen Säulen entfprechenden Säulentheile und fpringt auf triglyphirten Confölchen vor; die Brüftung ift durch Karyatiden, welche nach unten abwechfelnd entweder hermenartig oder in verflochtene Schlangenbeine auslaufen, in fechs Felder getheilt, auf denen die Verkündigung Mariae, die Geburt, die Taufe, die Kreuzigung, die Grablegung und die Auferftehung Chrifti dargeftellt find. Das dritte Bild, welches eine wefentlich beffere Hand zeigt, als die fünf übrigen, wird wiederum dem jüngern Cranach zugefchrieben. Über diefen fechs Bildern läuft ein Fries um, der durch eine Kette von tanzenden und fchwebenden Engeln, welche mit ausgebreiteten Armen Wappen zwifchen fich halten, gebildet wird. Auf dem Kanzeldeckel nochmals die Dreinigkeit, von einem Kreife von Engeln umgeben. Der Rand des Deckels ift mit einer durchbrochenen und aufgerollten Bekrönung mit Medaillons und Köpfen gefchmückt, und in ähnlicher Weife wird auch die Brüftung der Kanzel nach unten abgefchloffen.

In die Baugefchichte der Auguftusburg geftatten die aufbewahrten Acten fehr genaue Einblicke. Kurfürft Auguft widmete dem Baue vom erften Tage an ununterbrochen die regfte Theilnahme und die eingehendfte Fürforge; er kümmerte fich um die Anfchaffung und den Transport des Materials, er ordnete Baufuhren an, er entfchied perfönlich über jedes Detail in den Bauplänen. So beftellte er z. B. die Fenfter anfangs möglichft klein, »weil die Bergkheufer viel windes fahen vnd diefser orth ohne das winterifch«; dann befann er fich eines befferen und verlangte fie lieber etwas gröfser, weil »in gewelben tie nicht genugkfamb wetter vnnd licht ganz verdriefslich vnnd langweilig zuwohnen«. So gingen die Briefe zwifchen dem Schellenberg und dem jeweiligen Aufenthaltsorte des Kurfürften, felbft dann, wenn diefer aufser Landes war, unaufhörlich hin und her, oft von Zeichnungen begleitet, in denen die Fortfchritte des Baues veranfchaulicht waren; über jede Kleinigkeit wollte der Bauherr orientirt fein, und Lotter durfte fich nicht die geringfte Abweichung von den einmal feftgeftellten Plänen geftatten, ohne vorher auf's neue erft die Entfcheidung des Kurfürften eingeholt zu haben.

Vom 3. Januar 1568 ift Lotter's »kuntfchafft des Newen Baws halb vffm Schellenberg« datirt, obwohl fie ihm erft im April auf fein befonderes Drängen ausgefertigt wurde. Sie lautet folgendermafsen: »Von Gottesgnaden Wir Auguftus etc. thuen Kundt vnnd bekennen hiermitt offentlich gegen Jedermenniglich fonderlich aber allen vnnd Jeglichen vnfernn Prelatenn Grauen Freyherrenn denen vonn der Ritterfchafft, Oberhaubt vnd Ambtleutten Verwaltern Schoffern, Burgermeifternn Richternn Räthen der Stedte vnd Gemeinenn vnnd fonft allen andern vnfern getreuen vnderthanenn vnd verwandtenn das wir vnfern lieben getrewen Hieronimuffen Lothernn Burgermeiftern zw Leiptzigk zw vnferm Oberbawmeifter vber vnfernn Newen Schlofsbaw aufm Schellenberg die Auguftusburgk genant verordnet vnnd Jme gnedigft aufferlegt, vnd befohlen haben, denfelbigen Schlofsbaw vnferm angeben nach vnd der vorgeriffenen vnd abgefchnittenen Vifirung gemefs mit aller gewalt zutreibenn auffzufuren vnnd zwvolbringen. Auch Soviel Jme Jnimer muglich vnd die gelegenheit leiden will, damit zweylenn vnd vfs aller forderlichifte volkomlich zw vollendenn. Was er auch zu beforderung folches Schlofsbawes, an allerley wergkleutenn vorrath vnd arbeitt bedurffen wirdet, Das er daſſelbig krafft feines aufferlegtenn ambts vnnd vermoge vnnfer Jnſtruction von allen ortten, wo daſſelbige zuerlangenn, erfordern befchreibenn zur handt vnnd Jn vorrath fchaffen fol damitt derhalben keine hinderung noch mangel vorfallen moge. Vnnd wiewol er fich folches aufferlegten befelchs feines alters vnnd vnuermogens Auch vielleicht anderer bedenckenn halbenn anfenglich verwegert vnnd vndertheniges vleiſſes darfur gebettenn So haben wir Jnen doch daſſelbige aufs bewegenden Vrfachenn nicht erlaſſen konnen noch wollen Jme auch dargegen gnedigſt verfprochen vnd zugefagt zw folchem baw alle notturfftige furderung geldt vnnd andern vorrath zu fchaffenn vnd Jnenn vnfer aufferlegten ambts vnnd bawes halben gegenn menniglich zuuertretten vnd fchadtlofs zwhaltenn. Demnach ift ann alle vnd jede obgenent vnfer gnedigſt gefinnen vnd begeren wo gedachter vnfer Baumeiſter Hieronimufs zu befurderung vnnd volnbringung diefes vnfers furhabendenn Schlofsbawes Jrer helff verordnung vnnd befchaffung bedurffen vnd darumb anfuchen wirdet, Ein jeder wolle Jme hiertzu furderung ertzeigen vnnd tie hulffliche hand raichenn. Das geraicht vnfs zu gnedigem gutten gefallenn vnnd thutt ein jeder hiran vnfere zuuerleſſige meinung. Zw vrkundt mit unferm auffgedrucktenn Chur Secret befiegelt vnnd aigenhandenn vnterzeichent«.

Schon am 25. Februar 1568 theilte Lotter dem Kurfürſten mit, er fei geſtern willens gewefen, den Grundſtein zu legen, aber durch plötzlich eintretendes Unwetter daran verhindert worden, und da dies einen ganzen Monat anhielt, fo blieb während diefer Zeit nichts weiter übrig, als am Grundgraben fortzuarbeiten. Am 30. März wurde dann endlich mit einer einfachen Feierlichkeit der Grundſtein gelegt, Anfang April war Lotter bereits mit 50 Maurern bei der Arbeit, bald hatte er, da täglich neue Arbeiter zuſtrömten, »bei Siebentzig, die Angefchlagenn, fundenn, Die Mauernn redlich von ſtattenn«, und am 5. Mai berichtet er an den Kurfürſten, er habe jetzt 232 Maurer, 120 Helfer, 84 Kalkjungen, 30 Kalkſtöfser, 63 Kalkführer, 52 Kalkfetzer, 232 Handarbeiter, 10 Rüſtmeiſter etc. in Arbeit, »Das alfo dife Wochen bies in Tauffendt Perfonen gefordert werden«; da kann er dann freilich hinzufügen: »Das Mauerwergk gehett tapffer vff«. Aber es zeigte fich bald, dafs die Arbeiterzahl im Verhältnifs zu den Materialvorräthen viel zu grofs war. Im Juni befchäftigte er blofs noch 94 Maurer, da er den Bau wegen Mangel an Material »etwas eingezogen« hatte.

Einen Verfuch, den Erhard van der Meer gleich im Anfange machte, fich felbſtändig neben Lotter zur Geltung zu bringen, wies Auguſt zwar von der Hand, doch fchnitt er dem jüngeren Baumeiſter für die Folge keineswegs allen Einflufs ab. Van der Meer hatte dem Kurfürſten noch vor Beginn des Baues »einen newen gruntrifs anhero bracht, darinne er etzliche gemach feinem gutduncken nach verändert«. Der Kurfürſt theilte dies Lotter mit, legte den veränderten Plan bei und fchrieb ihm, man fehe zwar daraus, »das er fich auff gebeude verftehe«, es folle jedoch alles beim alten bleiben; »So viell aber das thor belanget, laffen wir vns fein geriffen mufter wohlgefallen, wo auch daffelbig nicht albereit gehawen, magft du es folchergeftalt beftellen vnd verferttigen laffenn«. Übrigens rieth er Lotter, fich mit Erhard in Vernehmen zu fetzen, dä er »fonderliche arth vnd vorteill zu den gewelben wiffen foll«.

Anfang Mai erhielt Lotter zu feiner Freude die Zufage, dafs der Kurfurft nach Pfingften felber kommen werde, um den Bau zu befichtigen. Er hatte wiederholt dringend darum gebeten, denn, wie er das einemal hinzufügt, »Aufferhalb ewer Churfurftlich gnadenn Jch mich fonftenn bey Niemandes Rahts zuerholen wufte. Vnndt hierdurch ane meine Verfchuldung wol in die eufferfte Befchwerung geradten mochte. Dann es ift in der Vifierung Jm Jungen (im verjungten Maafsftabe) nit muglich Zuerkennen, Wie es Jm Altten itzt ein anfehenn hatt«. Ende Mai, als die Mauern des »Sommerhaufes« fchon ein beträchtliches Stück gefördert waren, kaum auch wirklich der Kurfürft und infpicirte den Bau auf's genauefte. Als er dann nach Dresden zurückgekehrt war, äufserte er nachträglich den Wunfch, dafs die vier Eckhäufer mit Thürmen verfehen werden follten. Da die Fundamente darauf nicht berechnet waren, fo fuchte Lotter »dem grundte darmit alfo zuhelffenn, das in denn kellern, Dieweyl man noch fo hoch nit khommenn, fperanen (?) herausgefurt, Bogenn darauff fchloeffe« (sic); freilich könnten dann die Säle anftatt 18 Ellen nur 16 Ellen im Lichten werden, »weil in der hohe achtzehn elln weidt zuwelbenn gefchrlich genug«. Der Kurfürft wollte zwar anfangs von einer Verkleinerung der Säle nichts wiffen, fügte fich aber fchliefslich, als Lotter darauf beftand. Anfang Juni fchickte der Baumeifter für das Dach zwei verfchiedene Riffe zur Auswahl; Auguft entfchied fich dafür, dafs »das erfte fo gantz fchlecht vnd nicht das andere daran das Dach gefchweift oder rundt erhaben ift« ausgeführt werden folle; doch gelang es Lotter fpäter, für den anderen Plan die Billigung zu gewinnen. Zu einem wunderlichen Streite gab die Frage wegen des Materials der Bedachung Anlafs. Der Kurfürft hatte es von vornherein für felbftverftändlich angefehen, dafs das Schlofs mit Schiefer gedeckt werden folle. »Man findet kein Ziegeldach auffm Gebirg das vber 40 Jar gelegen dargegen aber findet man Schieferdecher auff alten gebeuden die woll vber 200 Jar gelegen wan allein die nagel wohl verdeckt worden, fo mufs ehe der roft die nagel freffen als die bretter verfaulen folten«. Lotter aber war »der fchiefferdachung gahr feindt«; er verficherte, man habe oft Schieferdächer wieder abgenommen, um Ziegeldächer an ihre Stelle zu fetzen, und beftand darauf, das Dach bunt gemuftert mit grau und blau gebrannten Ziegeln zu decken. Auguft wünfchte, Lotter möge »auch hirüber des Niderlendifchen Baumans guthbedunckhen darin hören«. In anderen Punkten fügte fich aber auch Lotter bereitwillig. Er beantragte z. B. nachträglich, dafs in jedem Gefchofs unter den Fenftern ringsum ein Sims aus Haufteinen gelegt werden follte. Der Kurfürft meinte, diefer Sims werde, »ob er wohl den gebeuden eine feine Zyr giebt«, doch die Koften merklich fteigern, auch pflege fich Regen und Schnee darauf anzulegen, nur wenn etwa die Gewalt anfchlagender Gewitter dadurch gemindert werden könne, fo fei er mit der Herftellung zufrieden. Da zog Lotter felber feinen Vorfchlag wieder zuruck und erklärte hinterher, er habe nur gedacht, »das es zierlich ftehenn würde«.

Im Juli 1568 wurde das Wohnhaus fertig, das Lotter fich von dem Material des alten Schloffes erbaut hatte, und fo fiedelte er nun aus dem Thorhaufe der alten Schlossruine dahin über; »es hatt im forderhaufs vier vnndt im kleinen haufs kegen vber zwei Stueben, mit nodturftigenn kamern«. Schon im April hatte Lotter der Kurfurftin die bevorftehende Vollendung angekündigt und fie eingeladen, nun auch hier in Schellenberg in Zukunft bei ihm zu wohnen. »Do mein Gn. h., Euer Churf. G., vnd Junge herfchafft hieher khommen follten, So hilt ich es dauor E. Churf. G. follten mit diefem Lofamendt fo wohl als auf dem Geyehr gnedigft wohl zufrieden fein, Es wirdt auch also vorteffelt vnd zugericht, das E. Churf. G. fich vor keiner feuchtigkeitt der gebeuden gar nichts follen zubefahren habenn. Vnd ift ahn E. Churf. G. mein Vntterthenig bitten mihr folchs gnedigft zugutthalttenn, dan ich mein es ihnn vntterthenigkeit gar treulich, vnd wolde es mit meinem vormögen allerfeits gerne wohl Aufrichten«. Der Kurfürft verfprach, wenn es möglich wäre, »diefe hirfchfaifte noch einen ritt hinauf zuthun vnd den baw antzuschen«, und fo kam er denn auch Anfang Auguft und kehrte in Lotter's neuem Haufe ein. Noch heute führt ein etwas unterhalb des Schloffes in der Nähe der Kirche gelegenes Haus mit Garten den Namen »Lotterhof«. Ob dies das »Lofamendt« Lotter's gewefen, ift jedoch zweifelhaft.

Ende Auguft wurden befonders für den Gewölbebau der oberen Säle Maurer aus Leipzig verfchrieben, und mit ihrer Hilfe wurde denn im Laufe des September und October im »Sommerhaufe« wenigftens das eine Gewölbe zu Stande gebracht. Das war fo feft gebaut, »das es nit fchieben kan, es wollt dann der gantze Bau zugleich mit einander niederfitzen vnndt eingehen. Dafs wirdes mit hulff gottlicher gnadenn wohl muffen laffen, vnndt einen gueten beftandt haben, bifs vff dem Jungften Tagk, darnach mags gehen wie gott will«. Im November berichtet er noch nachträglich voll Freude, wie fchön das Gewölbe fthehe und wie fehr er es bereue, nicht gleich am erften Tage, wozu die Maurer ohne Scheu fich erboten hätten, die Geftelle herausgenommen zu haben, und über das ganze Gebäude fchreibt er: »Es ift in folcher hoch ein Vermeffenner, grofsmutiger, mechtiger gewalttiger Bau, defsgleichenn kein Lebendiger menfch mit einem folchen grunde dermaffenn verbunden, vnndt veranckertt nit erfahren vnd gefehenn hatt«.

Anfang November wurde der Bau für dies Jahr eingeftellt. Der Kurfürft war es zufrieden, »das mit dem tönnichen vnd aufbereitten diefen wintter Jnnegehalten werde, damit die mawern von dem durchftreichenden lufft defto beffer auftrucknen können«. Im Laufe des Winters hatte Lotter sechzig Gefchirre fahren und liefs fo viel Baumaterial herbeifchaffen, dafs fchliefslich nichts mehr unterzubringen war; auch befchäftigte er eine Anzahl Steinmetzen den ganzen Winter hindurch, die in dem halbfertigen Haufe wohnten. Hierauf bezieht fich eine Weifung, die der Kurfürft im December Lottern zugehen liefs, und die zugleich beweift, mit welcher wunderbaren, bisweilen faft an's Komifche ftreifenden Fürforge der fürftliche Bauherr alle Eventualitäten in's Auge fafste. »Wir laffen gefchehen, fchreibt er, das die gewelb darein du die werckleut zulegen bedacht Jnwendig berapt aufsgefewert vnd bewohnet werden, Seint auch zufrieden das du hiezu die affterfchlege wippell efte vnnd fpene von dem gefelten bawholtz hiezu brauchest. Wir begeren aber du wolleft die heimlichkeit Jn denfelben gewelben vermachen laffen vnd die werckleut an einen andern gemeinen orth weifen Sonft wurden fie uns böfs wetter Jn den gemachen anrichten«. Für den nächften Sommer hatte Lotter fchon jetzt zahlreiche Arbeiter gedungen, »dann der Bau wird künfftig vil weittleufftiger alfs ehr difs vergangen Jahr geweft, dartzu gehorenn viel Anrichtter«.

In den erften Apriltagen 1569 nahm Lotter den Bau, zunächft mit 53 Maurern, wieder auf; man arbeitete am Ausbau des »Sommerhaufes,« daneben wurden die drei übrigen Eckhäufer in Angriff genommen und auch der Grund zur Kirche gelegt, zu welcher Erhard van der Meer fchon im September des vorigen Jahres die Pläne geliefert und im November auch die »gefchnitzte Vifirung« gefertigt hatte. Für den Ausbau fchickte der Kurfürft Lottern im April einen »welfchen meurer Julius Ferrair«, der, feine Dienfte in Dresden angeboten und angegeben hatte »das er auff eine newe arth fo erft fur wenig Jaren Jn Jtalia erfunden worden fein vnd man drinnen *Rusticano* nennen foll, gantz beftendige, warhafftige Eftrich von geftoffenen Kiefelfteinen machen konne. Wie er vnfs dann dauon etzliche mufter zu Drefden gemacht vnnd gezaigt die vnfs nicht vbell gefallen, Derhalbenn wir Jnen an dich gewiefen. Do er fich nun Jnn dem geding billich vnnd leidlich einlaffen wolte vnd du erachtenn konteft, das es ratlich vnd thunlich, So wolleft Jme Jnn dem gefertigten haufe vff der Auguftusburg ein gemach zwej oder drej vordingen Damit man feine arbeit Jm groffen werck fehen vnd die ob fie beftendig probiren möge Alfdann konte man fich etweder ferneres gedings oder einer monatlichen oder Jerlichen gewiffen beftellung mit Jme vergleichenn«. Kurz darauf brachte Lotter die Frage wegen der Bedachung nochmals zur Sprache. Er hatte in der Nähe eine vortreffliche Ziegelerde gefunden und einige Probeziegel daraus fertigen laffen, die er dem Kurfürften fchickte, »die klingenn wie eine Glockenn«. Nun gab der Kurfürft endlich feinen Widerftand auf und befchied Lottern: »weill aus der Newangetroffenen erden gutte Dachziegel werden, wie wir aus dem vberfchickten mufter gefehenn, du auch verhoffeft eine folche beftendige Dachung damit zumachen dergleichenn Jnn diefen landen auff keinem gebeude fein folte, So laffen wir gefchehen, das du die Dachung folchem deinem bedencken nach, von Ziegel macheft«.

Im Juni fand fich der Kurfürft »als der Rechtte aller Oberfte Bawmaifter« felber wieder in Schellenberg ein und befichtigte den Bau. Im Juli war das »Lindenhaus« unter Dach, und Lotter hatte die fichre Hoffnung, dafs das ganze Hauptgebäude fammt der Kirche noch diefen Sommer eben fo weit gefördert werden würde. An der letzteren Möglichkeit hatten die Arbeitsleute felbft ftarken Zweifel; »Ich habe aber, fchreibt Lotter, noch ein guth hertzs dartzu, ob gleich das holtzs zum theyl noch wechft vnndt im Walde ftehett. Vnndt es hatt bey mir ein folch Annfehenn, das noch vor wintters einer wirdt mufsen Annklopffenn, der gerinne in die Auguftuspurgk hinein Zukhommen begertt«. Leider erkrankte Lotter wenige Tage fpäter an der »gelben Sucht« und mufste feinen Sohn Albrecht zu feiner Vertretung von Leipzig kommen laffen, der auch feinen Arzt, den Doctor Johannes Schrödter mitbrachte. Er behielt Albrecht bis zu feiner Wiedergenefung bei fich, »Vngeachtet das ehr difs Jahr mit Rahdsdiennfte beleget vnnd des Abzuwartenn, nit wohl daruon fein kann. Ich will mich aber, fchreibt er an Auguft, verfehenn der her Burgermeifter Jheronimus Raufcher werde geduldung tragenn, das ich Jhnenn etzliche Tage alhier bey mir behaltte«. Der Kurfürft empfahl ihm Schonung und fprach ihm Muth zu: »wir feint der hoffnung der Almechtig werde dich nicht allein diefen baw mitt ruhm vnd vieler Leut verwunderung volkomblich volnbringen laffen fondern noch viell Jar darnach zu geruigem alter erhalten. Derhalben konnen wir wohl leiden das dich dein Sohn Albrecht Jn deiner fchwacheit entfetze vnnd deiner mühe zum teill enthebe, Soll Jme auch feines Ratftandes halben zu Leipzig ohn gefahr fein«. Anfang Auguft kehrte Albrecht nach Leipzig zurück, und der alte Lotter war felber wieder auf dem Platze; in demfelben Monat wurde das »Küchenhaus« vollendet. Gleich nach feiner Genefung hatte Lotter auch fchon die Pläne und Modelle zu den Zugbrücken und Thorgebäuden an den Kurfürften gefchickt. Bei der Rückfendung fchrieb ihm diefer: »Wir laffen vns die beide Rifs zu den forder vnd hinder Thoren mit A und B Signirt vnd das vber das fordere vnfer Wappen vnd Jn die gerolte taffel darunter vnfer Tittel vnd wan difs haufs angefangen vnd volbracht gehauen werde gefallen. Doch das die vorliegenden Quadratfteine alfo Rauch bleiben vnd nur Jn fugen fchlecht gehawen werden wie die Jm Rifs vermerckt fein, So kanftu auch wohl an Stadt der lebenköpffe fo zu den runden fenftern Am hindern Thor heraufsfehen, andre Poffen (Boffen, Reliefs) wofern fich die beffer fchicken wollen gebrauchen«. Im September war das »Hafenhaus« fertig, Ende November die Kirche unter Dach und das vordere und hintere Thorhaus wenigftens zur Hälfte vollendet. Und fo hatte denn Lotter das Hauptgebäude im Wefentlichen im zweiten Baujahre zu Ende gebracht. Der Kurfurft wollte auf Lotter's Bitten im Laufe des November heuer noch einen zweiten Befuch auf dem Baue machen; wegen Krankheit verfchob er es jedoch bis nach Weihnachten, und dann fcheint es unterblieben zu fein.

VII.

Lotter in Ungnade. Vollendung der Auguftusburg.

Im Fruhjahr 1570 konnte Lotter, da der Winter im Gebirge lange anhielt, erft Ende April an die Arbeit gehen. Im Mai theilte er dem Kurfurften mit, dafs nun das »Sommerhaus« gemalt und mit Mobiliar verfehen werden folle; er bat, ihm Maler zu fchicken und »fl'an Pelt (Spannbett), Tifch vnndt Penck« anzufchaffen. Darauf fchrieb ihm Auguft: Wir haben »vnferm hoffmahler zu Drefden Heinrich Goding (Göding) vor diefer Zeit befohlen, fich auff dein erfordern vnfeumblich vff dem Schellenberg zuuorfuegen vnnd die Gemach vnfernn fchriftlichen verzaichnus nach dauon Jme auch eine abfchrifft zuogeftellet zu mahlen. Wie er vns dan newlich berichten laffen das er fich mit farben vnd gefinde notturftig gefaft gemacht vnd nur deiner erforderung wartte«. Als Wochenlohn follten an Göding 4 Gulden und für jedes Zimmer, das er gemalt habe, aufserdem 1 Gulden gezahlt werden. Kaum hatte fich aber der Maler an die Arbeit begeben, fo ftellte der Kurfürft das Verlangen, dafs bis zu Jacobi das »Sommerhaus« vollkommen fertig ausgemalt und bewohnbar fein follte, und als Lotter dies für eine baare Unmöglichkeit erklärte, da der Maler zu wenig Leute habe, fo rifs mit einem Male dem Bauherrn die Geduld. In fchroffster Weife trat er plötzlich Lotter gegenüber und verlangte einen genau fpecificirten Anfchlag über die Fortfetzung und Beendigung des Baues. »Letzlych wyll ich«, fo fchreibt er eigenhändig, »eynen Richtigen vnd gewiffen anfchlagk haben Was noch tzuuorfertigunk der hinderftelligen gebeude vor gelt gehoren wirtt den dergeftallt Jn tagk zubauen ift meyne gelegenheytt nichtt vnd das derfelbyge anfchlagk durchaus fpecifycirtt zum forderlichften vud wo muglich nach alhier vbergeben werde«. Darauf wurde ein Contract aufgefetzt und von Lotter am 9. Juli unterzeichnet, worin ihm zum Ausbau des »Sommerhaufes« noch 4114 Gulden bewilligt wurden und er fich verpflichtete, dies Haus bis Martini zu vollenden; die anderen drei Eckhäufer verlangte der Kurfürft bis zu Michaelis ausgebaut zu fehen. Damit aber noch nicht zufrieden, fandte er Ende Juli unerwartet feinen Kammerfecretär Hans Jenitz nach Schellenberg, um die Thätigkeit Lotter's heimlich infpiciren zu laffen. Jenitz fchickte einen fehr ausfuhrlichen Bericht über den Stand der Sache nach Dresden, konnte aber dem

SCHWIERIGKEITEN DES BAUES.

Baumeifter darin keinerlei Vorwurfe machen. »Wiewohl Jch, fchreibt er, unvorwarneter fach alfbald hinten zum baw hineingefaren vnd abgefliegen das meiner niemand befondres weife worden, Auch befunden, das man warlich nach gelegenhait des orths fchwörer furderung vnd bofen bawwetters mit der arbeit embfig anheldet, der alte Lotter auch fo viel er kan antreibt vnnd herumb kreucht, So bedunckt mich doch es werde Jme fchwör werden, alle drey heufer fur Michaelis gentzlich zuuorferttigenn«. Lotter klage über das anhaltende fchlechte Wetter, er treibe die Maurer an, dafs fie fich die Fäufte an den naffen Steinen bald wund greifen. Er fei aber fehr bekümmert und kleinmüthig; fein Lebtag habe er nicht gewufst, was Sorge fei, jetzt habe er es kennen gelernt. Er habe nicht geglaubt, dafs ein fo grofser Unterfchied zwifchen dem Bauen auf flachem Lande und auf einem Berge fei, wo das Material drei, vier Meilen weit hergeholt und hoch hinaufgefahren werden müffe; beinahe 50,000 Gulden feien allein für Fuhren draufgegangen. Dabei habe er auch feine Gefundheit auf diefem Baue zugefetzt. Trotz alledem wolle er nicht ablaffen, bis alles vollendet fei, »wan er gleich die alte haut daruber folte zubuffen«.

Man fragt fich erftaunt, was den Kurfürften mit einem Male zu folchem Mifstrauen und zu fo kränkenden Maafsregeln veranlafste einem Manne gegenüber, der feit zwei Jahrzehnten ihm mit treuefter Hingabe gedient und dem er auch felbft bisher ein unerfchütterliches Vertrauen bewiefen hatte. Indeffen, ganz unerwartet kam diefer Umfchlag nicht. Aeufserungen der Ungeduld und der Unzufriedenheit hatte Auguft gelegentlich fchon früher laut werden laffen. Als die Vorarbeiten zum Bau der Auguftusburg im Spätherbft 1567 begannen, hatte er, ganz ebenfo wie früher bei der Pleifsenburg, geglaubt, feinem Baumeifter einen Termin für die Beendigung des Baues ftellen zu können, an deffen Einhaltung natürlich hier wie da nicht im entfernteften zu denken war; er hatte fich eingebildet, dafs »do es menfchlich vnd moglich der gantze Neue bau des Neuen fchloffes vnd ftelle (die Ställe) vor Martini des kunftigen Lxviij Jahres volbracht werden moge«. Lotter hatte dies angefichts der zahlreichen Schwierigkeiten, die fich ihm gleich beim Beginne feiner Thätigkeit von allen Seiten entgegenthürmten, rundweg für eine Unmöglichkeit erklärt, jedoch verfprochen, er wolle nächften Sommer »einen fo groffen Paw vorbringenn, das fich zuuorwundern fein folle«, auch nicht verfäumt, wozu er, wie er nach den an der Pleifsenburg gemachten Erfahrungen recht wohl wiffen mochte, alle Urfache hatte, von vornherein darauf aufmerkfam zu machen: »wie es allenthalben vndt albercidt ein Anfehen hatt, fo wil auf einen fo hohen Perge ein folcher groffer Paw gar viel geltes koften«.

Zu den Schwierigkeiten, mit denen Lotter zu kämpfen hatte, gehörte vor allem der Waffermangel. Man wollte anfangs das Waffer aus der Nachbarfchaft durch Röhrleitungen auf den Berg zu bringen fuchen, ftand aber nach monatelangen vergeblichen Verfuchen von diefem Plane ab und entfchlofs fich, einen Brunnen in dem felfigen Boden des Berges felbft anzulegen, und auch die Leitung diefes fchwierigen und faft ausfichtslofen Unternehmens wurde

Lotter übertragen. Er erhielt Anfang December 1567 den Befehl, sich wegen Anlegung eines Brunnens mit Merten (Martin) Planer, dem Bergmeister von Freiberg, in Vernehmen zu setzen, und der Kurfürst hoffte, dafs dieser Brunnen »noch vor der faften Zeit« fertig sein würde. Freilich überzeugte er sich bald, dafs er Unmögliches erwartet hatte, und im Mai 1568 kam er zu der Einsicht, dafs überhaupt der Brunnen- und der Schlofsbau nicht in einer Hand zu vereinigen seien und übertrug die Leitung des ersteren dem Bergmeister von Freiberg, damit Lotter »an dem andern bauhe desto weniger verhindert vnd ein wergk neben dem andern desto schleuniger gefordert werden moge«. Aber dies und die beiden folgenden Jahre vergingen, ohne dafs man Wasser gefunden hätte. Dazu kam aber der häufige Mangel an Fuhrwerk, namentlich zur Sommerszeit, wenn die Bauern ihr Geschirr in der Ernte brauchten und sich entschieden weigerten, Baufuhren zu besorgen, dazu die hohe Lage des Bauplatzes, die schlechte Beschaffenheit der Wege und Strafsen, die Widerspänftigkeit der Arbeiter, und nicht zuletzt das oft wochenlang anhaltende schlechte Wetter. Im Juni 1569 klagt Lotter mit trübseligem Humor: »Ob sich auch wohl der Medardus Alhier zimblich verwehnet Angelassen, So versehen wir vns doch die andern heiligen werden diesem nassen fischer das Regiment nicht Allein Lassen«.

So kommt es, dafs Lotter's Briefe schon im ersten Baujahre voll sind von Klagen über die Hemmnisse, mit denen er zu kämpfen, von Bitten um Geduld, von Versicherungen seines Fleifses und seiner Sparsamkeit, von Vertröstungen auf die Zukunft: »das werck soll ohne Ruhm zu schreybenn den Meister loben«. Aber selbst wenn man alle diese Umstände berücksichtigt, so standen doch die Erfolge des ersten Baujahres in gar zu argem Mifsverhältnifs zu den kühnen Erwartungen des Kurfürsten. Auguft hatte gehofft, dafs binnen einem Jahre das ganze Schlofs vollendet werden könnte, und nun war noch nicht einmal der vierte Theil des Hauptgebäudes im Rohbau fertig, ganz zu schweigen von den Wirthschaftsgebäuden, an die man noch gar nicht hatte denken können. So fehlt es denn auch schon im erften Jahre in den Briefen des Kurfürften nicht an mifsvergnügten Äufserungen. Im Auguft 1568 schreibt er: »Wir verftehen aus deinem bericht, das difs einig haufs hewer difs Jar mit der vierung nur vnter dach bracht vnd einfach mit Zigeln behenckt werden kann, do wir doch deiner vertroftung nach gehofft er folte vor winters durch aus gewelbt eingedenckt (sic) vnnd aufsbereitet worden seinn, das es auff künftigen sommer zur notturfft hette bewohnet werden mögen, welchs folchergeftalt schwörlich geschehen wirdet vnd dörfte wohl ein langwieriger baw werden, defs wir vns nicht versehen. Begeren derhalben gnedigft du wolleft am Werck soviel möglich mit vnnachleffigem vleifs anhalten«, und als ihm Lotter gleich darauf verfichert, dafs der Bau, »so weitt ehr vff dies Jahr zubringen vormeindt, mit aller gewaltt« fteige, erwiedert er ihm: »Du haft als ein bawmeifter selbft bej dir zufpuren, das faft ein Jeder dermaffen gefinnet, wan er einen baw anfahet, fo wolte er gerne das er der gefaften fifirung nach alfbald verfertigt were vnnd allerding volnbracht werden mochte. Darumb wirdeft du vns auch nicht verdencken das wir vmb vleiffige befurderung difs wercks gnedigft bej dir antreiben«. Doch waren dies vorübergehende Verftimmungen; der Kurfürft mufste einfehen, dafs er zu viel verlangt hatte, und fein Vertrauen zu Lotter wurde durch die langfamen Fortfchritte des Bauens nicht erfchüttert. Im Jahre darauf wurde der Bau wefentlich rafcher gefördert, der Kurfürft liefs es nicht an Verficherungen feiner Zufriedenheit und feines Vertrauens fehlen, und der alte Lotter war guter Dinge. Selbft während feiner Krankheit fchrieb ihm der Kurfürft: »wir haben die gnedigft zuuerficht zu dir noch wie anfencklich vor allen andern, Du werdeft Jn deinem finn kein gedancken faffen, von diefem baw einigerlej weife zutrachten oder zufetzen bifs derfelbig allerding volnfurt vnd zur bewohnung fertig vnd bequem gemacht fej« und Lotter erwiederte treuherzig: »Lebe ich auch noch eine kleine Zeidt, fo wirdt man fagen es fey in fo einer kurtzen Zeidt mit dem Baw vf einem fo hohen Perg ein vnmoglich ding Ausgerichtet Alfsdann wil ich mir auch fo ich meynen geleiftenn Vnderthenigftenn gehorfamb verbracht, Lenger zulebenn nit begeren«. Aber gerade weil der Bau in diefem und dem folgenden Jahre weit rafcher gefördert worden war, als im erften, fo waren natürlich auch viel bedeutendere Summen gebraucht worden; die hohen Rechnungen, die dem Kurfürften namentlich im Frühjahr und Sommer 1570 nach Karlsbad und Heidelberg, wo er fich damals aufhielt, nachgefchickt wurden, mögen ihn wohl endlich verdroffen haben und der Hauptgrund zu feiner plötzlichen Aufwallung gewefen fein.

Kurfürft Auguft gilt nach der landläufigen, durch die fachfifche Gefchichtfchreibung verbreiteten Auffaffung für einen fparfamen und liebevoll forgenden Fürften; »Vater Auguft« wird er von ihr mit Vorliebe genannt. Diefe Auffaffung ift aber eine allzu fchön gefärbte. Seine Sparfamkeit war Kargheit, oft geradezu Geiz, und feine väterliche Fürforge artete nicht felten in unfürftliche Kleinigkeitskrämerei, ja felbft in launenhaften und läftigen Despotismus aus. Lotter felber wufste davon zu erzählen. Seit 1550 ftand er im Dienfte des herzoglich fächfifchen Hofes, feit 1553 im Dienfte Auguft's; wiederholt hatte ihm der Kurfürft eine »begnadung« verfprochen für feine Opfer und Bemühungen beim Pleifsenburgbau, aber nie hatte Lotter etwas bekommen. Als er trotzdem fich wieder hatte bereden laffen, den Bau der Augustusburg zu übernehmen, fchrieb er im Jahre 1568 an den Kurfürften: »Es haben Ewir Churfurftlich Gnaden, mir vmb meine Achtzehnjerige vilhfelttige vntterthenigfte Dinftleyftung, funderlich fouil denn verprachten Schlofspaw zu Leiptzigk, darumb ich pisher noch nichts Erlangt, die Gnedigft vertroftung gethan, wan der gefertiget vnd gemachet were, das alsdan ewir Chur F. G. mich Gnedigft bedencken woltten, Dieweil ich dan alle meine aigene fachen vnd gewerbe verlaffe, vnd hinthannfetze, Auch all meinen Vleis vnd vermogen dohin richte, wie ich meinem itzt Erfthabenden beuelh alhie Jn vntterthenigkeit, moge getreulich nachfetzen, So ift an ewir Chur F. G. nochmals mein vntterthenigs pitten, fich das gnedigft vernehmen zu laffen, womit Ewir Chur F. G. mich gnedigft bedencken wollen, Dan ich werde mit meinen vntterthenigften Dinften, Dieweil ewir Chur F. G. das gnedigft alfo von mir haben wollen, mein Leben befchlieffen vnd zu tode pawen«. Darauf antwortete ihm der Kurfürft, er

wolle die Begnadung wegen der Pleifsenburg »dahin einflellen, bifs das erfte
Wohnhaufs alhie geferttigt«, knüpfte alfo die Erfüllung des längft gegebnen
Verfprechens unbilliger Weife an neue Bedingungen. Lotter arbeitete gleichwohl mit allem Eifer, um diefe Bedingungen zu erfüllen, und fchrieb fchon im
Auguft 1568 »das es ann keiner Nachleffige vnfleiffige anhaltung Jemalfs ge-
mangeltt hette, wie im Ende ob gott will das werck denn Meifter Lobenn foll,
dann mir gahr viel darann gelegenn, dieweil meine begnadung von wegen der
Achtzehenjehrigen Dienftleiftung, da folch haufs aufgebauett, gnedigft volgenn
folle«. Als aber das Haus Ende des Jahres nun wirklich unter Dach war, fah
er fich abermals getäufcht. Er mahnte den Kurfürften, als er zu Neujahr 1569
in Dresden war, um das Modell zur Kirche zu überbringen, perfönlich, aber
auch das fruchtete nichts: mit freundlichen Reden wurde er befchwichtigt.
Ende Januar mufs er Auguft abermals bitten, der Begnadung eingedenk
zu fein, und Anfang März fchreibt er: »Vnd kan ewir Chur f'. G. nit
Verhaltten, Das mir feidt meinem negft Dreffnifchen abfchied Der Gnedifte
Gnadenprieff, von ewir Chur F. G. noch nit ift Zugefchickt worden, Welchs
ewir Chur F. G. woll gnedigft verfchaffen vnd beuelhen khunen laffen«. Hierauf
erhielt endlich der Rentmeifter in Leipzig vom Kurfürften den Auftrag, ihn —
daran zu erinnern, dafs Lotter noch vor der Oftermeffe befriedigt werde. Aber
Ende April mahnt er den Kurfürften nochmals auf's eindringlichfte und beweg-
lichfte: »Zw Ewer Churfurftlichenn Gnadenn getroeft ich mich defs ganntz
vnderthenigft, Ew. Churfurftlich. Gnad. werde vmb meiner Achtzehenn Jheriger
dienftleiftung willenn Jnn gnedigfter erwegung, Was meine Mühe vnndt vor-
feumnus anlanget vndt wafs ein ober Meurer Maifter ein folch lange Zeit ver-
dienndt, mich aus gnadenn Auch gnedigft bedenckenn, Vnndt mit folcher begnadung gnedigftenn lenger nit aufhaltten lafsenn. Darnach fo wirtt der Altte
Hillebrandt, wie ich nechft gnedigft genanndt wordenn bin Erft luftigk werdenn«.
Da endlich theilte ihm der Kurfürft mit, dafs der Rentmeifter ihm die Begna-
dungsverfchreibung vollzogen zur Meffe mit nach Leipzig bringen werde, in
der Hoffnung, Lotter werde damit »wohl begnügig vnnd zufrieden fein«. An
ähnlichen Proben von übertriebener Genauigkeit und Zähigkeit des Kurfürften
in Geldfachen fehlt es auch fonft nicht. Seinen pecuniären Vortheil verlor er
auch bei der geringften Kleinigkeit nie aus dem Auge, und trat der Fall ein,
dafs feine Herrfcherlaune mit feinem Geiz in Collifion gerieth, fo fiegte gewifs
der letztere. Im Brunnenbau brach einmal durch die Fahrläffigkeit des Born-
fteigers Feuer aus: der Schöffer liefs den unvorfichtigen Mann verhaften,
machte Auguft Mittheilung davon und fragte an, was mit dem Delinquenten
werden folle. Lakonifch bemerkt der Kurfürft am Rande des Schreibens:
»Soll in los laffen vnd arbeyten laffen«. Natürlich; was hätte ihm der
Bornfteiger im Gefängnifs genützt? Charakteriftifch ift auch die Art, wie der
Kurfurft an feinem Schlofsbau höchft perfönlich für billige Arbeitskräfte forgte.
Gleich im erften Winter verurtheilte er fämmtliche Wilddiebe, die im Lande
aufgegriffen wurden, zur Zwangsarbeit an der Auguftusburg. Der erfte von
ihnen traf Anfang December ein, und der Schöffer bekam die Weifung: »Den

wollest alfo Jnn eifen an vnferm Schlofsbaw arbeiten vnnd Jnen alle abent durch den Landt oder Steckenknecht Jn einen fchrot oder stall eintreiben vnd verfperren vnd des morgens wider aufslaffen, Inen auch an die fchwerste arbeit es fej mit heben, ziehen oder tragen anstellen vnnd mehr nicht geben, dan das er Jme notturftige fpeife dauon kaufen vnnd den leib bedecken möge. Wir feint auch bedacht der gefellen mehr hinauff zufchicken, damit fie fur Iren muthwillen alda buffen mogen«. Wirklich folgten fchon in den nächsten Tagen mehrere andere nach, und diesmal trug der Kurfürst Lottern felbst auf, dafür zu forgen, »das fie nicht alleine das Jenige fo Jnen wechentlich gegeben verdienen fondern auch zwifach fo viel als andere teglich erbeten (arbeiten), Vnd ob fie hir Jnnen wiederfetzlich vnwielligk vnd vngehorfam bei dem steckenknecht die verordnung thun, das fie mit Peitzfchen gefchlagen vnd damit zu stetter erbet andern Wildpreth dieben zu abfcheu angehalten werden«. Von da an hörten die Sendungen den ganzen Winter über nicht auf. Vor allem wurden diefe Wilddiebe bei der fchweren Arbeit am Brunnenbau befchäftigt, obgleich der Bergmeister gelegentlich in aller Unterthänigkeit darauf aufmerkfam machte, dafs er zu diefer Arbeit fie nicht brauchen könne, fondern gelernte Bergleute nöthig habe. Als im Auguft 1568 drei diefer unglückfeligen Gefellen durch die Unachtfamkeit des Steckenknechtes entkamen, gerieth der Kurfürft in den höchsten Zorn und fchrieb an den Schöffer: »wir befehlen dir ernstlich, du wollest Jnen (den Steckenknecht) andern zu abfchew durch den Scharffrichter Jn gefenknus mit fcharffen rutten wedlich streichen laffen vnnd hernach des Ambts verweifen, vnd einen andern vleiffigern vnd behertztern Steckenknecht an feine stadt annehmen«. Lotter aber bekam Befehl, er folle die Wilddiebe in Zukunft »fur vnd fur Jm Bronnen bleiben darinne liegen vnnd Jnen Jre notturft am hafpell aus vnd einziehen laffenn bifs fie waffer erfincken (finden)«.

Dafs ein fo gearteter Charakter gelegentlich einmal heftig aufbraufen konnte aus keinem anderen Grunde, als weil an feine Caffe etwas starke Anfprüche gemacht wurden, ift leicht begreiflich. Lotter war freilich über die Umwandlung des Kurfürften äufserft niedergefchlagen. »Aus wehmüttigkeit« fchrieb er länger als einen Monat keine Zeile an ihn; erft Ende Auguft theilte er ihm wieder einige Details vom Baue mit. Durch den Bericht feines Kammerfecretärs wurde jedoch der Kurfürft für's erfte wieder etwas milder gestimmt. »Wir begeren, fchreibt er an Lotter, du wolleft mitt allem aufferften ernst vnd vleifs darob fein.treiben vnd anhalten das folche drej heufer deiner felbft eigenen bewilligung vnnd verpflichtung nach fur oder auff bestimpte Zeit gewifs mogen aufgebawet vnnd fertig gemacht werden«. In der Perfon des Hans von Jenitz hatte der Kurfürft aber auch einen Mann zur Infpection des Baues gefchickt, der fich feines unerfreulichen Auftrags gewifs fo fchonend als möglich entledigte. Er, der als Beobachter Lotter's heimlich auf die Auguftusburg gekommen war, war als Freund und Schwäher Lotter's wieder hinweggegangen, und fo gewann das Ereignifs, das womöglich zu Lotter's Verderben ausfchlagen follte, noch einen tröftlichen Abfchlufs. Lotter und Jenitz verlobten ihre beiden Kinder mit einander, Lotter feinen jüngsten Sohn Hieronymus, Jenitz feine Tochter Margarete.

Mitte September machte Lotter dem Kurfürſten Mittheilung von der Verlobung und bat ihn, da er und Jenitz die Abſicht hätten, ihren Kindern »aufsgang des itztnegſt kommenden Michaelis Margkt zw Leiptzigk wirdtſchafft vnndt hochtzeitt zuhaltten«, er möge ihm geſtatten, dazu nach Leipzig zu reiſen damit an ſeiner »vetterlichen Kegenwertigkeitt vnnd beſtellung kein mangel erſcheinen möchte«. Der Kurfürſt erlaubte es, fügte aber eine Mahnung hinzu, die ſehr bezeichnend iſt und keinen Zweifel darüber läſst, welches der wahre Grund ſeines Zornes geweſen: »wir wollen vns aber verſehen, du werdeſt treulich befordern helffen, auf das wir des geldes reichlich wiederumb einkomen mogen ſo du vns vnnutzlich anworden vnd vorbauet«. Von Leipzig aus ſchickte Lotter an den Kurfürſten, offenbar um ihn noch mehr zu begütigen, vier ſchöne Windhunde zum Geſchenk, »vnndt ich werde bericht, fügt er hinzu, es ſolln gar freydige winden ſein, vnndt vnder den viern ſol einer ſein, den helt man fur ein Türckiſchenn winden, der ſol ſich mit andern hunden nit wol vortragenn kunnen, vnndt wann er einen haſſen erlangt, ſo pflegt ehr die zureyſſen, Sie haben eine boeſſe Kuchenn gehabtt vndt findt vbel geſpeiſt wordenn«. Doch ſcheint das Geſchenk keinen tiefen Eindruck auf den Kurfürſten gemacht zu haben; er war fortan ziemlich kurz angebunden gegen Lotter und kündigte ihm an, dafs er, ſowie er Zeit finden würde, ſelber wieder kommen und den Bau inſpiciren würde. Lotter lud ihn darauf hin ein, womöglich noch vor Weihnachten zu kommen; dies lehnte der Kurfürſt ab, verſprach aber, gleich nach den Feiertagen »einen Rith hinauff zuthun«. Inzwiſchen wurde fleiſsig an dem inneren Ausbau des Schloſſes gearbeitet; Glaſer, Tiſchler, Schloſſer hatten alle Hände voll zu thun, und ſogar Göding* mit ſeinen Malergeſellen arbeitete früh und ſpät bei »Vnſletlicht«.

Im Januar 1571 führte der Kurfürſt ſeinen Entſchluſs — oder ſoll man jetzt ſagen ſeine Drohung? — aus und kam nach der Auguſtusburg. Hier fand er nach ſeiner Anſicht, dafs höchſt ungenügende Materialvorräthe fur das nächſte Jahr angeſchafft ſeien und dafs die Winterszeit, wo doch die Fuhren der Bauern am bequemſten zu haben ſeien, von Lotter nicht gehörig benutzt werde. Zum Überfluſs wollte es das Unglück, dafs der Baumeiſter nicht am Platze war. Er war in Leipzig, um das Bürgermeiſteramt, das er im Jahre 1570 wiederum — nun zum ſiebenten male — bekleidet hatte, niederzulegen. Sowie Lotter von der Anweſenheit des Kurfürſten benachrichtigt wurde, ſchrieb er ihm, er würde Tag und Nacht reiſen, um mit ihm zuſammenzutreffen, wenn er nicht fürchten müſte, bis zur Wiederabreiſe des Kurfürſten doch zu ſpät zu kommen. Sobald er ſeines »bies her tragenden Bürgermeiſter ampts erledigt werde«, wolle er ſich wieder auf der Auguſtusburg einſtellen.

Wäre Lotter an Ort und Stelle geweſen und hätte den Kurfürſten über das und jenes mündlich aufklären können, wer weifs, ob es ihm nicht gelungen wäre, den aufgebrachten Herrn auch diesmal zu befänſtigen. So aber konnte der Kurfürſt ſeiner Entrüſtung freien Lauf laſſen. Er that es, indem er von Lotter nochmals einen genauen Anſchlag für den Reſt des Baues forderte und — ein wunderlicher Widerſpruch — in Bauſch und Bogen noch 25,000 Gulden,

10.000 zur Vollendung des Schloſſes, 15,000 zur Errichtung der Wirthſchafts- gebäude und Ställe bewilligte. Dies war ein Act der Willkür, der wahrſchein- lich jeden andern Baumeiſter veranlaſst haben würde, ſein Mandat dem Kur- fürſten zurückzugeben. Der alte, treuherzige Lotter aber blieb ſtandhaft und war entſchloſſen, was er einmal begonnen und ſo weit gefördert, nun auch zu Ende zu führen. Bisher hatte Lotter einfach ſeine Baurechnungen an den Kur- fürſten geſchickt und dieſer ſeine Zehntner oder Schöſſer angewieſen, Lotter mit Geld zu verſehen; wiederholt mochte er dabei wohl auch hier vom eignen Vermögen vorgeſchoſſen haben, wie er es früher ſchon beim Pleiſsenburgbau gethan. Schreibt er doch ſchon im November 1567: »Ich hab vmb mehrer Sicherheit willen mein geldt vonn Leiptzigk zubeſtellung wöchentlicher meiner Bergkwergk mit mir herauffgeſurdt, das alſo zw dieſem Paw ich noch nit mehr als die Erſten Vier Tauſſend gulden vom Zehendner vſſ S. Annabergk ent- pfangen hab«. Jetzt ſollte er plötzlich für eine beſtimmte unüberſchreitbare Summe den Bau vollenden. Wollte er nicht auf die Fortſetzung des Baues verzichten und ſie einem andern Baumeiſter überlaſſen, ſo blieben ihm, wenn ſich der Kurfürſt nicht umſtimmen liefs, nur zwei Wege übrig: entweder ſchlechter zu bauen als bisher oder ſein Vermögen dabei zuzuſetzen.

Lotter ſetzte ſeine Hoffnung auf eine perſönliche Unterredung mit Auguſt. Er ging Anfang März nach Dresden, nahm auch dem Kurfürſten das ge- ſchnitzte Modell zu den Hintergebäuden mit. Aber an eine Umſtimmung war nicht zu denken. Der Kurfürſt trieb ihn nochmals an, im Laufe des bevor- ſtehenden Sommers den Bau entſchieden zu vollenden und dabei zu ſparen, wo er nur irgend könne, damit die bewilligte Summe nicht überſchritten werde. So ging denn Lotter auf der Rückreiſe mit ſich zu Rathe und überlegte voll Bekümmerniſs, wo ſich wohl mit dem Sparen ein Anfang machen lieſe. End- lich entſchloſs er ſich, die Hintergebäude anſtatt mit Kalk »mit guttem leyhmen Mauren zu laſſen«. Er theilte dieſen Entſchluſs dem Kurfürſten mit und tröſtete ihn damit, es ſei in der Umgegend viel mit Lehm gebaut worden und habe gut gehalten; »es ſol aber weniger anſehens nit gewynnen, als wan es mit Kalch gemauret«. Auguſt war alles zufrieden, wenn es nur möglichſt wenig koſtete. »Und haſt numehr, ſchreibt er blofs, alle tage hohe Zeit wo der baw vorm herbſt gentzlich ferttig werden ſoll denſelben nach hochſtem vermogen zubefurderenn«. Jeden Verſuch Lotter's, ihn zu irgend einem Zuge- ſtändniſs zu bewegen, wies er in ſchrofſſter Weiſe zurück. Anfang April hatte ſich der Baumeiſter mit 70 Maurern wieder an die Arbeit begeben. Nahe bei der neuerbauten Kirche war früher eine Pferdeſchwemme geweſen; Lotter liefs daher hier graben und hoffte wieder Waſſer zu finden. Auch mochte ihm wohl der beabſichtigte Nothbehelf ſchlieſslich ſelber unwürdig erſchienen ſein; er wollte von dem Lehmbau lieber abſehen und dafür im Hintergebäude »Polene Stubenn« machen, »die kunnen aufswendig mit einer Steinern mauer ſteinsdick vorplent werden, Vnndt Jnnwendig desgleichen, das man kein holtzs ſiehet«. Dieſe Vorſchläge verſah der Kurfürſt »eigenhändig mit der Rand- bemerkung, dafs, wenn Lotter es mit dem bewilligten Gelde bewerkſtelligen

5

könnte, »neue fchechte zu fyncken«, er dies immerhin thun möge; »Sonften gedencke ich auff dyfen baw ferner nichtes mer zu wenden, darnach mack fych Lotter Richtten«, und ähnlich heifst es in der an den Baumeifter gefandten Antwort: »Dir ift bewuft was dir mit verferttigung der hindergebeude An Wohnheufern vnd Stallung von vns befohlen vnd vor eine Summa darzu verordnet wordenn, was du dich auch darauf erbothen vnd verpflichtet, dorbej laffen wir es noch wenden vnd beruhen, gedencken auch keine Andere neue gebeude mehr anzuordnen oder vber die beftimbare Summa ferner hin was Auf diefen baw zuwenden, darnach du dich zurichten vnd deiner Verpflichtung nachzukommen wiffen«. So mufste Lotter doch endlich zum Lehmbau feine Zuflucht nehmen, obgleich felbft die Maurer nichts davon wiffen wollten. Er hoffte, dafs trotz allen Sparens doch »Ein fchonner koftlicher gutter Baw« zu Stande kommen könne und zwar in kurzer Zeit; »Solde mir das Einer, mit der allergenaueften beftellung nachthun, Ich mocht den Gerne mit meinen augen anfehen. Ichtvil auch mit einem folchen trewhertzigen Gutt vnd wollmeinenden gemuehet, auff eur Chur F. G. Gnedigften beuelh fordfahren vnd mich meinem lieben Got vnd eur Chur F. G. beuelhen, vnd verhoff nit fteeken zupleyben«. Auf alle Weife fuchte nun Lotter zu fparen und zu fördern; er zog weibliche Arbeitskräfte mit heran und berichtete, dafs »die Weiber, Tochter vnndt Meid 1100 Thonnen Leihm in Körbenn Auff die forderung getragenn, denen zahld man von einer gemefsenen Thonna, die fie fullen, auch fechs pfennig«; er verfuchte es, die Arbeitslöhne herabzudrucken, was wieder zu einer Revolte der Arbeiter führte. Trotz alledem klagt er: »Es gehet ein graufam gelt auf, Ich halt mich des weifs gott viel geneuer vnnd kercklicher, alfs in meinen eigenen fachem. Vnnd bekummer mich darob, das ich wohl mocht kranck werden«. Noch immer aber gab er die Hoffnung nicht auf, dafs, wenn der Kurfürft felber wieder kommen werde, er fich überzeugen müffe, dafs der Bau unmöglich für die ausgefetzte Summe und in fo kurzer Zeit vollendet werden könne. In Folge diefer demüthigen Verficherungen äuferte fich der Kurfürft in feinen nächften Briefen wieder etwas geduldiger und gnädiger. Aber bald verfchärfte fich der Conflict auf's neue, und diesmal fo, dafs er unheilbar war. Zwar berichtet Lotter im Juli mit freudigem Stolze, was fein Werk bereits für Bewunderung finde: »es ziehen gar viel frembder Leut hie zu, wie fie vor Zeiten zur walfartenn getzogenn, vmb willen den Baw Zu befehenn, Vnndt haben daruber Jn viehlen dingen verwunderung«, auch macht er allerhand Vorfchläge über noch anzubringende Vervollkommnungen; dabei nehmen aber die Klagen über die aufgezehrten Geldfummen und die Bitten um Geduld kein Ende mehr. Mit bitterm Spott erwiedert ihm der Kurfürft: »Wir begeren keinen bericht was noch gemacht vnnd gebawet werden kan vnd foll, Sondern allein was albereit gebawet, gemacht vnd fertig ift, vnd konnen wohl erachten das folchs ohne geldt nicht aufszurichten fej. Wir haben dir auch nach gelegenheit der noch vbrigen gebeude zu entlicher verferttigung derfelben eine anfehnliche gutte fumma geldes verordnet, Wir vermercken aber, du laffeft dich Immer verduncken du habft einen grofsen verlegebeuttell, darauff du aber die Rechnung nicht machen darffſt do du vber das geordente Bawgelt luſt haſt von deinem gelde vns zu ehren was vbermeſſigs zuerbauen, wollen wir dir gerne zuſehen. Achten aber es ſei dein ernſt nicht, ſondern vielmehr zu einer vorbereittung dahin gemeint do dir wafs vbrig bleiben wurde, das wir dich damit begnadenn ſollten«. Lotter las aus dieſen Worten den Vorwurf heraus, als ob er ſich irgendwie am Bau bereichern wolle. Dieſen konnte er allerdings mit gutem Gewiſſen zurückweiſen, indem er darauf aufmerkſam machte, wie »alle ausgabenn müſſen mit Zweyen dreyen oder vier Perſſonen durch Zettel betzeuget vnndt vnderſchriebenn werdenn, Ehe ich aber vmb vordachts willen etwas zuunderſchreiben hab ſuchen wollenn, So hab ich das lieber vber mich gehen laſſen«. Hierauf beeilte ſich denn auch der Kurfürſt zu erklären, dafs er in die Ehrlichkeit Lotter's keinen Zweifel ſetze, »Wie wir dan an deinem moglichen vleifs kein Zweifel vielweniger einigen mifstraw zu dir habenn«; dabei hatte es jedoch ſein Bewenden.

Inzwiſchen war auch unter den Leuten bekannt geworden, in welche bedrängte Lage Lotter durch den Starrſinn des Kurfürſten gekommen. Dafs der Bauherr kein Geld mehr hergeben wolle und der Baumeiſter von ſeinem eignen Vermögen zubüfsen müſſe, »das haben die Bauern erfahren, vnndt werden ihnen die Pferde gahr ſtettig, das Alſo nun kein befhel oder Rohtt wachs mehr helffen wil«. Auguſt nahm dieſe Klagen ſehr gleichgiltig auf; er befahl, dafs Lotter von nun an mit gröfster Regelmäfsigkeit aller zwei Wochen ſeinen Bericht einſenden ſolle, wegen der Bauſumme bleibe es bei der bisherigen Beſtimmung, »Wollten auch, ſetzt er ſehr bezeichnend hinzu, das wir ſolchs von anfang des baws alſo furgenommen hetten«. Mitte Auguſt 1571 ſchickte der Kurfürſt ſeinen Stallmeiſter Baltzer (Balthaſar) Worm nach der Auguſtusburg, der mit Lotter über den Bau der Ställe Rückſprache nehmen ſollte. Bei dieſer Gelegenheit ſtellte ſich heraus, dafs der Kurfürſt, was Lotter natürlich gar nicht für denkbar gehalten hatte, für die bewilligten 25,000 Gulden ſelbſt die Bezahlung der noch ruckſtändigen Malerarbeiten und des noch zu beſchaffenden Mobiliars verlange, und als Lotter ſich über dieſe unerwartete Auslegung der geſtellten Bedingung ſchmerzlich beklagte, ſo kündigte ihm der Kurfürſt gerade zu ſeine Gnade auf und ſchrieb ihm: »du weiſt dich zuerinnern, wefs du dich difs bawfs entlicher verferttigung halben zum offtern mundtlich ſonderlich aber das letzere mahl Jn ſchrifften gegen vns erbothen vnd verpflichtet. Wir befinden aber das demſelben nicht nachgeſetzet vnd das es nur vergebene ſchirmſchlege, das es auch vngeachtet aller tröſtlichen berichte noch ein weitleuftig werck vmb gentzliche ferttigung ſey. Vber das vermercken wir faſt aus allen deinen ſchreiben das du uns allwege noch gerne tieffer Jn koſten greiffen vnd alſo einen ewigen baw defs orts machen wolteſt defs wir vnſs zu dir nicht verſehen. Iſt auch deinem erbiethen vnd verpflichtung nicht gemeefs. Wir begeren aber vnd befehlen dir hirmit du wolleſt darauff bedacht ſein, das der baw deiner verflichtung nach zu beſtimbter Zeitt gentzlich verferttigt vnd aufgebawet werde. Geſchicht ſolchs ſo hat es ſein maſſe Wo aber nicht, So ſolleſt du dich ſo groſſer vngnad zu vns verſehen als mit groſſer

gnad wir dir bifhero gewogen gewefen«. Gleichzeitig ging ein Schreiben mit
ähnlichen Vorwürfen und Drohungen an Erhard van der Meer ab, worin es
unter anderm heifst: »Vnd left fich fast dafür anfehen, das darauff vmbgangen
werde als wolte man defs orts einen fur vnd fur werenden baw haben, vnd
den aignen nutz mehr als vnfer beftes befurdern«. Lotter bat darum, dafs
ihm wenigftens die Summe von 1762 Gulden, die er für den Brunnenbau und
für die Malerarbeiten im Schloffe feit Feftfetzung der letzten Baufchfumme
ausgegeben, zurückerftattet werde. War es doch geradezu unfafsbar, dafs der
Kurfurft auch dies in den 25,000 Gulden mit einbegriffen haben follte. Doch
Auguft beharrte auf's entfchiedenfte bei feiner Beftimmung und erklärte, die
Gewährung der erbetenen Summe würde eine Extrabewilligung fein, von der
nicht die Rede fein könne. Man müffe von einem Baumeifter verlangen
können, dafs er einen ordentlichen Anfchlag mache. Übrigens habe Lotter
falfche Nachrichten über den Stand des Baues nach Dresden gefchickt, »Itzo
aber meldeft du, das einem grawen möchte der den baw anfiehet wafs noch
daran ferttig zu machen«. Lotter erwiederte treuherzig, ihm graue gar nicht
mehr; er werde nun in zwei Wochen foviel vorwärts bringen, dafs der Kurfürft
fich wundern folle und wieder fagen wie früher: »Iheronimus Lotter hat am
Bau mehr verbracht Als ehr vertröftung gethan«. Zwar klagt er abermals
darüber, dafs das Gerücht verbreitet fei, er müffe den Bau vom eignen Gelde
vollenden, »do hat ein Jeder in mich gedrungenn, Jhme alles zweyfechtigk zuuor-
lohnenn Vnndt nichts mehr thun wollenn«, doch tröftet er fich auch wieder
mit der Ehre, die ihm fein Werk bereite; alle Leute, die nach der Auguftusburg kämen, verwunderten fich darüber, wie in fo kurzer Zeit ein fo mächtiges
Gebäude habe entftehen können, »das ift eine gabe gottes, das Alfo mein
vnfchuldt, Alfs wollt ich einen Langwirigen Baw daraus machen Zuerfehen
vnndt zu erkennen«.

Noch einmal fchien es, als follte die drohende Gefahr von Lotter's Haupte
abgewendet werden. In den erften Octobertagen kam die Kurfürftin Anna
nach Auguftusburg. An diefe hatte der alte Lotter jederzeit die rührendfte
Anhänglichkeit bewiefen, und er erfreute fich auch ihrer ganz befonderen Gunft.
Die Kurfürftin war in vielen Stücken das vollendete Ebenbild ihres Gemahls;
fie war vor allem eine äufserft wirthfchaftliche, forgfame und wohlwollende
Hausfrau, die die geringfügigften Dinge als ihre perfönlichfte Angelegenheit
betrachtete. Mit Gefchenken, die ihrer Kuche und ihrem Keller zu gute kamen,
konnte man ihr grofse Freude machen. So rühmt fich denn auch Lotter in
einem Briefe an fie vom März 1568, dafs er ihr fchon etliche Jahre ftets im Frühling die erften Schmerlen gefchickt habe; fo habe er auch diesmal »mit hochftem
fleis darnach gedrachtet vnnd folcher fteinpeyffer nit mer als drey mandel zuwe-
gen pringen mogen«. Noch 1572 zu Weihnachten fchickt er ihr, wie auch früher
alljährlich, »Ein gar groffen frifch gepacknen Criftanger« und fügt hinzu: »Dos
woldte ich die Zeit meins Lebens, aus guthertziger Wolmeinung vnd getreuer
vntterthenigfter Erzeigung nit gerne verpleyben oder abgehen laffen«. Aber
auch die Kurfurftin liefs es nicht an Beweifen freundlicher Fürforge fehlen. Als

Lotter im Sommer 1569 auf der Auguftusburg erkrankte, fchrieb er an fie, er habe gehört, dafs fie »Ein Ertzdey fur die gelbe fucht haben folle« und bat fie, fie möge ihm »diefelbe Ertzdey was dauor dint, gnedigft mittailen, vnnd antzeigen laffen, wie daffelb zugeprauchen«. Darauf fchickte fie ihm fogleich »einen verpitzfchirten Kober« mit Mineralwaffer, das er »vnangefehenn feines wiederfpenftigen gefchmacks« täglich trank, und das ihm treffliche Dienfte leiftete. Es ift, als fähe man zwei Gleichgeftellte und nicht die Fürftin mit dem Bürger verkehren, wenn man in diefes unbefangen zutrauliche Verhältnifs einen Blick thut. Die Kurfürftin war es ja nun auch gewefen, die Lotter im Sommer 1567 ganz befonders zur Übernahme des Auguftusburgbaues beredet und ihm verfprochen hatte, es ihm »funderlich mit allen gnaden gedencken« zu wollen. So durfte er denn jetzt mit Recht auf fie feine ganze Hoffnung fetzen. Als fie nach der Auguftusburg kam, theilte fie Lotter mit, dafs in wenigen Wochen auch ihr Gemahl eintreffen werde, und ermahnte ihn dringend, er möge fuchen, bis dahin zu einem gewiffen Abfchluffe zu gelangen. Vor ihrer Abreife von Dresden fcheint fie auch noch den Kurfürften begütigt zu haben. Wenigftens brachte fie die Nachricht mit, ihr Gemahl habe »zwei fafs Reinifchs wein« verfprochen, wenn Lotter bis zu feiner Ankunft das gewünfchte Ziel erreiche. Wie es in einem Briefe heifst, den Lotter gleich nach dem Weggange der Kurfürftin an fie richtet, zweifelte er auch nicht, die Wette zu gewinnen, »Aber die beide meine gunftige herrn follenn des gewetts halben von mir verfchondt vndt vnbelangt bleibenn.« Welchen Eindruck die Kurfürftin von der Auguftusburg mit hinweg genommen und wie fie gegen Lotter fich verhalten, geht am beften aus dem Briefe hervor, den fie nach ihrer Rückkehr an Erhard van der Meer richtete: »Du weift was wir mit dir in fonderheit geredt haben vnd wollen vns verfehen, du werdeft vor dich weil der Baumeifter Lotter in feinem Alter etwas lafs vnd vergeffen ift, mit ernftem vleis daran fein vnd antreiben damit Jnnerhalb den beftimbten vierzehen tagen die gemach Jm Schlofs vnferm Verlafs nach zwgerichtet . . weil dan diefe dinge am meiften auf dir ligen.« An Lotter aber richtete fie gleichzeitig nochmals diefelben Mahnungen und fchrieb ihm, dafs fie ihrem Gemahl alles, was Lotter ihr gefagt, erzählt und feinen »glimpf mit fonderlicher befcheidenheit bei S. L. anbracht, darauf dan S. L. etwas milder worden«. Dann fährt fie mit aller Freundlichkeit fort: »Wir haben auch den Furirer wiederumb hinaufgeordnet vnd Jme befolen das er weitter bey euch mit vleis anregen folle, Wir find der gnedigften Zuverficht, Jr · werdet vns difmals gegen v. h. L. hern Gemahl euch felbft zw gutt nicht fchimpflich vorftehen laffen vnd S. L. nicht ferner wider euch bewegen, auch vns nicht vrfach geben, von euch abezufetzen mit eurer befchwerung vnd es gehen zulaffen wie Jr es felbft machet Welches Jr euch darnach felbft habt zuzufchreiben dan euch S. L. gemut one das wol bekant das fie nicht dergeftalt mit Jr fchertzen laffen«, und endlich vertröftet fie ihn noch: »Vnd ob auch wol S. L. zum Schlosbaw Zehen tauffent vnd zu den Stellen Funfzehen tauffent gulden verordenet vnd Jr villeicht von den euern etwas zwpuffen mochtet, So laffet euch doch daffelbige nicht fo hoch anfechten Wan Jr allein mit den dingen aufrichtig, wie wir dan nicht Zweiffeln umbgehen vnd mit vorfertigung der gebeude euerer Zufage nach verfaren werdet, So wollen wir durch vorbith vnfers vorhoffens die wege fuchen das Jr fo hoch im fchaden nicht follet gelaffen werden«. Die Kurfürftin brachte es denn auch dahin, dafs ihr Gemahl einen etwas freundlicheren Brief an feinen Baumeifter fchrieb, den diefer »mit erfreudten gemuehte empfing. Mitte October fchickte Lotter einen ausführlichen Bericht an Kurfürftin Anna und fchilderte ihr, wie er die Arbeiter anzufpornen fuche und fich's in jeder Weife angelegen fein laffe, fein Verfprechen zu halten. »So treib ich mit aller gewalt auch mit geben, mit gefchenck durch ernftliche vnndt freundtliche Mittel, ich halt feft vnndt gar tapffer an, flehe vnndt bitt.. Vnndt wolt nit lieber fehen, dann das eur Churf. G. an einem Vnfichtigen ort ftehen vnndt zufehen folt, wie die arbeit vnndt beftellung durcheinander gehet, Vnndt es ift gewies war, das alle meine beuchls leute mir zuwieder geweft, ich wurde das bis vf dato fo weit nit bringen, als ich das mit gotlicher vorleyhung gebracht hab«.

Ende October oder Anfang November war die Kurfürftin wieder auf dem Baue, und diesmal begleitete fie der Kurfürft. Das Refultat diefes Befuches war — der vollftändige Zerfall Lotter's mit dem Kurfürften; er wurde aufgefordert, einen umfänglichen Rechenfchaftsbericht auszuarbeiten, und feine Entlaffung war nur noch eine Frage der Zeit, wahrfcheinlich wurde fie ihm aber jetzt bereits angekündigt. Dies läfst fich aus den nach der Rückkehr des kurfürftlichen Paares zwifchen Lotter und der Kurfurftin gewechfelten Briefen fchliessen. Bei feiner Wiederabreife hatte Auguft fich nicht einmal von Lotter verabfchiedet; daher fchreibt diefer: »Das eur Churfurftlich Gnaden mir negft fo ein vngnedigften abfchiedt auff der Auguftuspurgk durch den Amptsfchoffer haben geben˚laffen, vnd mich felbft nit horen wollen, das bekomert mich von hertzen, vnd kan dem nit genug nachdencken, womit ich doch folchs verfchuldet vnd verdint hab, Dan eur Chur F. G. haben mir durch den Secretarj Hanns Jenitzs meinen fchweher antzeigen laffen, Als were eur Chur F. G. geliepfter herre, mit Vngnaden öttwas vber mich beweget, nit des Baws halben, Sunder das ich den pisdoher verfchlept vnd ich den vmb aignen nutzs willen wie mir nachgefagt wurde verzogen. Do der wol Eher het khunen geferttigt werden, Solchs weyfs der liebe Got am peften, der Erkennt aller menfchen hertzen, Das es mein gemueht nit geweft, wie Es dann an dem verprachten Wergk nit zu erfehen«. Seine Rechnungen, an denen er Tag und Nacht arbeite, würden feine Redlichkeit ausweifen; bis dahin möge fich die Furftin feiner annehmen und ihn »doch nit fo gahr veruolgen laffen«. Darauf antwortete ihm die Kurfürftin ausweichend: »Wir wiffen vns vor vnfer Perfon keiner fonderlichen vngnade, fo wir gegen Euch trägen follen zuerinnern, das wir aber von vnferem neheren abreifen nicht mehr mit Euch geredhet, Ift anderer vnferer gefchefft vnd vnmuffe halben verblieben, Wafs aber der Schofser euch zum abfchied angezaigt, Ift nicht aus vnferem Sondern vnfres hertzliebften Hern vnnd Gemahels aigenen befelch gefchehenn, Woher fich aber folcher befchaidt verurfacht werdet Jr Euch felbft wohl zuentfinnen wiffen ... Weill Jr aber Jm Werck feytt den baw vollent zuuorferttigen, Achten wir es werde euch bey S. L. zu allem gutten geraichen. Was dan wir Euch zu gnaden hierin furdern konnen, Darzu feint wir genaigt«. Zu Neujahr 1572 kam der Kurfürft nochmals auf die Auguftusburg, während Lotter nach Leipzig gereift war. Damals fcheint die definitive Entlaffung Lotter's erfolgt zu fein. Wenigftens fehen wir bereits Ende Januar den »Oberften Artalarej Zeug vnnd Baumeifter«, den Grafen Rochus von Linar, mit der Vollendung des Baues beauftragt; Anfang Februar fchreibt diefer dem »Meifter Ehradt« vor, wie er fich von nun an zu verhalten habe, bittet auch den Kurfürften, ganz ausdrücklich noch den Befehl an Erhard van der Meer ergehen zu laffen, dafs er fich fortan nach den Weifungen Linar's zu richten habe, »Dan Ich kenne der Niederlendifchen Kopfe woll«.

Roch von Linar — fo, und nicht Lynar, unterfchreibt er fich ftets felber — ftammte aus dem Florentinifchen und war 1570 in Kurfürft Auguft's Dienfte getreten. Er ift derfelbe, der fpäter an den brandenburgifchen Hof ging und hier von 1578 bis zu feinem Tode, 1596, den Berliner Schlofsbau leitete.[26]) Als er in Dresden fein Amt angetreten hatte, fcheint er fofort verfucht zu haben, alle kurfürftlichen Bauten in feine Hand zu bekommen. Wenigftens fchrieb Lotter fchon im Auguft 1570 an den Kurfürften, der »welfche ober Zeug vnndt Baumeifter« folle geäufsert haben, der Pleifsenburgbau in Leipzig werde »eine grofse Veränderung gewinnen«, wovon ihm doch gar nichts bewufst fei; er werde den Ausbau entfchieden felber vollenden. Dies letztere wird denn auch wohl der Fall gewefen fein; dagegen mufste Lotter den Bau der Auguftusburg nun doch noch zuletzt unvollendet aus feiner Hand geben. Vollftändig fertig waren drei Eckhäufer und fämmtliche Verbindungshäufer einfchliefslich der Kirche; die Fürftenportraits, welche der Kurfürft zur Ausfchmückung des »Fürftenfaales« beftellt hatte, lieferte Lucas Cranach im Sommer 1571 ab; das »Hafenhaus« wurde von Göding erft im Laufe des näcbften Jahres ausgemalt und war Michaeli 1572 vollendet. Natürlich betrachtete Lotter mit gutem Rechte den ganzen Bau als fein Werk und auch im Wefentlichen als abgefchloffen, und in diefem Sinne fchreibt er im December 1571 an die Kurfürftin »Vnnd ich danck nunmehr gott im Hiemel, das ich folchen Baw ohne mengel, bifs an das Ende alfo verbracht Habe«. Gewiffermafsen beftätigt wird diefe Auffaffung auch dadurch, dafs am 30. Januar 1572 der Hofprediger Philipp Wagner in Gegenwart des kurfürftlichen Hofes die erfte Predigt in der neuen Kirche hielt und damit die Auguftusburg einweihte. Der alte Lotter hatte nicht die Freude, der Einweihung diefes feines letzten Bauwerkes beiwohnen zu können; er arbeitete im December und Januar in Leipzig ununterbrochen an feinen Rechnungen. Ende Januar fchreibt er dem Kurfürften, dafs in zwei bis drei Wochen der Rechnungsabfchlufs fertig fein folle, »Alfsdann wil ich einen gantzen Whagen voller Rechnung, die vberlegt vnnd vberfehen werden konnen, vberfchicken«. Als er jedoch im Februar von Leipzig nach der Auguftusburg kam, um mit den Handwerkern, die noch mit dem Ausbau befchäftigt waren, vollends abzurechnen, wurde er vom Schöffer auf des Kurfürften Befehl gar nicht auf den Bau gelaffen. Auf einen Bericht darüber an den Kurfürften fchrieb diefer dem Schöffer; »Weill er (Lotter) uns dan feiner ankunfft vnd furhabens zuvor nicht berichtet, So haft du nicht vnrecht gethan das du dich deines habenden befelchs erhalten« und wies ihn an, er folle Lottern zwar zur Abrechnung mit den Werkleuten Zutritt gewähren, dann aber den Bau wieder fperren und fich auch in Zukunft feinem Befehle gemäfs verhalten. Als Lotter feine Rechnungen abgefchloffen hatte, ftellte fich heraus, dafs er über 15,000 Gulden für Dinge ausgegeben hatte, die nach feiner Meinung unmöglich in die vom Kurfürften bewilligten 25,000 Gulden mit eingerechnet werden konnten, für den Brunnenbau, für die Malereien, für das Mobiliar, für die Orgel in der Kirche und andres. Dabei war er noch im December 1571, alfo wenige Tage vor feinem Sturze, fo thöricht gewefen, Göding auf deffen Verlangen das Geld zum Ankauf der Farben für das »Hafenhaus« »gegen Quittanzen« vorzuftrecken. Es hiefs, das der Kurfürft in Dresden die Rechnungen prüfen laffen und dann Lotter entfchädigen wolle. Dem Nachfolger Lotter's bequemte fich Auguft, noch 10,000 Gulden zur Vollendung des Baues zu bewilligen. Gerhard van der Meer theilte fpäter einigermafsen das Schickfal Lotter's. Im September 1572 fchreibt Linar an den Kurfürften: »E. Churf. G. wollen fich auch gnedigft erclerenn was ich mich gegen Meifter Erhard den Niederlendern, weil ehr E. Churf. G. nicht tuchtig, noch zugebrauchenn, vnnd gleichwol fo ftadtliche befoldung hat, als fonft keiner, zuuorhaltenn«. Trotz diefes Verdrängungsverfuches hielt fich aber der Niederländer noch über ein Jahr lang. Erft im December 1573 wurde er auf Wartegeld gefetzt mit wöchentlich einem Gulden Befoldung, wogegen er fich verpflichten mufste, nicht aus dem Lande zu gehen, fich ftets, wenn ihn der Kurfürft brauchen werde, bereit zu halten und ohne des Kurfürften ausdrückliche Erlaubnifs für niemand anders zu bauen.

Aber nicht genug, das dem alten Lotter die fchmerzliche Demüthigung bereitet wurde, den letzten und fchwierigften Bau feines Lebens, als er bereits fo gut wie vollendet war, noch fremden Händen überlaffen zu müffen, es traf ihn auch noch das unverdiente Loos, dafs nach feinem Tode fein Verhältnifs zu diefem Bau anfangs verdunkelt, fpäter geradezu vergeffen wurde. Schon hundert Jahre nach der Erbauung heifst es in einer Lobfchrift auf die Auguftusburg,[21]) dafs fie »meiftens durch des Hoch-Wohlgebornen Graffens von Schwartzenberg(!), zur felben Zeit weit- und kunftberuffenen Baumeifter, Gerharden van der Mehr, nachgehends durch dem Hoch-Wohlgebornen Herrn Graffen *Rocho* von *Linar*« aufgeführt worden fei; Lotter's wird dabei nicht mit einer Silbe gedacht. Etwas fpäter kam zwar die Wahrheit wieder an's Licht, konnte aber den einmal verbreiteten Irrthum doch nicht ganz wieder verdrängen. Und fo erklärt es fich, dafs felbft in neueren Schriften da, wo von Lotter die Rede ift, nur felten die Auguftusburg erwähnt wird, und dafs man umgekehrt da, wo von der Auguftusburg gehandelt wird, das thatfächliche Verhältnifs, in welchem die drei Baumeifter: Lotter, van der Meer und Linar zu ihrer Erbauung ftanden, faft nirgends richtig angegeben findet.[2²)]

VIII.

Auf dem Baue.

Der umfangreiche Briefwechfel Lotter's mit dem Kurfürften Auguft über den Bau der Auguftusburg gewährt, abgefehen von den baugefchichtlichen Nachrichten, die fich aus ihm fchöpfen laffen, auch intereffante Einblicke in das ganze Leben und Treiben, welches im 16. Jahrhundert auf einem grofsen Bau herrfchte.

Die Arbeit war zum grofsen Theile Frohnarbeit; die Leute wurden zwar dafür bezahlt, aber fie wurden dazu gezwungen. So kam es, dafs fich unter den Arbeitern viel armfeliges und unbrauchbares Volk fand. Schon im September 1567, als die Ruine des alten Schloffes niedergeriffen wurde, klagte Lotter: »Es ift mit der handtarbeijt, fo die Underthanen thun follenn, ein mefsig Ding, dann fie kommen zue morgenft, nachdem fie weitt zugehen, ethwa vmb fiebenn oder Acht Ohr, erft vff den Paw, vnd habenn Jhr eines tails mit vnderthenigften Züchtenn zufchreiben, keine Schue an, das alfo mit ihnen in den abgebrochenen Maurenn und fpitzigen fteinen, wenig aufszurichtenn«.

Sowie der Plan zum Baue des neuen Schloffes gefafst war, liefs der Kurfürft in alle Gebirgsftädte rings um Schellenberg Befehl ergehen, dafs alle Maurer, Meifter wie Gefellen, für nächftes Frühjahr keine Arbeit annehmen follten, ehe fie fich nicht bei Lotter vorgeftellt und ihm ihre Dienfte angeboten hätten. Was für enorme Arbeitermaffen fich auf diefe Weife auf dem Baue zufammenfanden, ift oben fchon gelegentlich erwähnt worden. Es war nun keine geringe Aufgabe für den alten Lotter, diefe Maffen im Zaume zu halten, aber er entledigte fich ihrer mit Klugheit und Energie. Gleich im erften Winter liefs er in Leipzig »feldtzeichen machen, fo die Arbeiter die ahn Leib hengen vndt dardurch geregirt werden mögen«, und als der Bau im Frühjahre 1568 begann, fo theilte er alle Arbeiter in kleine Abtheilungen und fetzte einen »Meuermeifter«, der »ein bahr grofchen mehr zulohn« bekam als die übrigen, über je zwanzig Maurer und ebenfoviel »Helfer«, und einen »Rothmeifter« (Rottmeifter) über je zwölf Handarbeiter, damit diefe über die ihnen zugetheilten Leute eine gewiffe Aufficht führten, »fonften wurden fie zu holtze lauffen vnd etwan ihn einer ftauden liegen vnd fchlaffenn«. Diefe »Meifter« forgten aber nicht blofs dafur, dafs uberhaupt gearbeitet und die Zeit nicht vergeudet, sondern auch, dafs gut und sorgfältig gearbeitet wurde. So schildert Lotter dem Kurfürsten, wie es z. B. bei einem Gewölbebaue zugehe: »Efs ist einem Jden Meuerer ein schmiegbrett surgeleget, der hatt einenn Jdenn gewelbstein in sein Recht Lahger, dafs der nit zw hoch oder zu flach gesetzt, legenn mussenn. Vnnd es seindt die Obermeister vnndt andere Bessheichsleudte stets vmbhergangen, Vnndt welcher einen welbstein nit Rechtt vssgesetztt, denn habenn sie mit dem Mafsstab wieder vmbgestossenn«. Mit diesen Vorsichtsmaafsregeln war es aber nicht genug. In der Instruction Lotter's vom September 1567 ist wohlweislich auch der Fall in's Auge gefafst, dafs es zu Arbeiterunruhen auf dem Baue kommen sollte. »Domit bey den handtwergen vnd arbeitern Zwang vnd gehorsam erhalten, So soll vnser Schosser forderlichst 11 vnderschidtliche Pohlwerge aus dem alten hundestalle aufsrichten, sertigen vnd die Jnn des Richters hoffe allhir setzen lassen, darinnen man die vngehorsamen verwahren konne. Gleichergestalt soll vnser baumeister auch etliche gesengknusse Zue den arbeitern gelegen anrichten lassen, welche vor die bauarbeiter zu gebrauchen.« Auch wurden gleich von vornherein zwei Steckenknechte in Pflicht genommen.

Wie nothwendig diese Maafsregeln waren, beweisen die Arbeitertumulte, die sich jedes Jahr mit einer gewissen Regelmäfsigkeit wiederholten. Schon im ersten Herbst klagte Lotter, dafs »vnder den Arbeiternn wegenn niderfellung des thurms eine meyterei erwachssenn«. Einen Versuch zur Aufwiegelung der Arbeiter, den im März 1568 der älteste der Obermeister selbst, Nicol Hofmann aus Halle[20]), machte, indem er eines Sonnabends Abends beim Lohnauszahlen die Maurer antrieb, mehr Lohn zu fordern, vereitelte Lotter durch rasches und entschiedenes Handeln. Er beschied den händelsüchtigen Alten den Sonntag darauf in aller Frühe zu sich und gab ihm den Laufpafs. »Ich gab Ihme, schreibt er mit Befriedigung an den Kurfürsten, einenn Abschiedsbrief, den Ich vor Tags gestellett, vnndt miettette Zwei Pferde vnndt habe Ihn vf einem Offennen wegelein wider lassenn heimbfuhrenn, Dann wehre es An einem Arbeitt Tage gewesen, So hette ehr vf der forderung bei denn Meurern Im Abschiede nichts guts Aufgerichtet. Vnndt bin gahr woll zwfriedenn, Das Jch des Hällischen Mannes, der nicht woll zuuorgenugen vnndt zuersettigen gewest, lofs bin«. Trotzdem scheinen die Lehren des alten Obermeisters auf guten Boden gefallen zu sein; denn vier Wochen nach seiner Entfernung gelangte von der Augustusburg eine Petition an den Kurfürsten, unterzeichnet: »Die ganze gesellschafft der Meurer Alda«, worin der Kurfurst gebeten wird, in Anbetracht der »geschwinden theuren Zeit« und weil gar mancher der Arbeiter »Alda oder daheim Ein weib vnd viel Kleine Kinder« habe, den Wochenlohn der Maurer von 18 Groschen auf 1 Gulden zu erhöhen. Als ihr Verlangen abgeschlagen wurde, so versuchten sie gleich darauf, eine Herabminderung der Arbeitszeit von 12 auf 11 Stunden zu erzwingen. Diefs gelang ihnen nicht; dagegen ging die erbetene Lohnsteigerung, wie die Lohnzettel beweisen, später noch durch.

Zu einer grofsen Revolte, die eine täuschende Aehnlichkeit mit den Arbeiterunruhen unserer Tage hat, kam es im September 1568, als Lotter zwei Leute wegen Rauferei hatte einſperren laſſen. Er ſelbſt berichtet darüber: »Es kannſs niemandt glauben, dafs mir der Baw ſoltt ſouiel ſorge, Muhe vndt Arbeitt machenn, hab ich doch die Zeitt meinefs Lebens, do ich doch viel Schreybenns vermocht, ſouiel nit geſchriebenn, Alſs ich itzt ſchreybenn mufs, wil aller beſtellung geſchweygenn vnndt wafs ich teglich mit ſouiel vngezaumptem Volcke zu Regierenn, ſur muhe vndt beſchwerung habe. Vnnd kann Ewer Churfurſtliche gnaden vnderthenigſt nit vorhalttenn, Es habenn mir nechten alſs mann vom Baw abgeleudt, die meuerer eine Meuterey gemacht, vnndt khommen alle ſur mein haufs vnndt zeigenn an, Sie ſtundenn alle vor einenn Man Vnndt es hetten ſich zwene mit eynander geſchlagenn die wehren eingeſetzt, derer einer wehre vnſchuldigk, den ſoltt man ihn vff wiedereinſtellen ledig geben, Solliches freuelichen mutwillens ich mich zu ihnen galır nit verſehenn, das ſie mich wohl mit minder Perſonen hetten beſchickenn moegen, Vnndt habe heidt Auff dem Baw vnder den Befehlsleudtenn vnnd Rottmeiſtern, eine ernſtliche vnndt Redeliche Muſterung gehalttenn, auch mit Vorbehaltt fernerer Straff eine ſolche verenderung gemacht, das ſie ſo baltt nit mehr zuſammenlauffenn werden. Vnndt wan die geſengknufs geſerttigt ſein, wie ich dan die itzt ferttigk machenn Laſſe, ſo wil ich die Anfenger wohl findenn, die geſagt haben Schlack frey zw, Wir wollenn ſur einen Man ſtehen, vnd Dich, wan du eingeſetzt wohl wieder ledigk machenn. Solcher geſellen Straff wehre Mitt verweyſung des Bauefs zw wenigk, dann die ſo nit haben wollenn mitgehen, die habenn ſie dartzu gehalten, dafs ſie fortt haben gehenn muſſenn«.

Die Arbeitergefangniſſe, auf deren bevorſtehende Vollendung der Baumeiſter hier hinweiſt, übten bald ihre wohlthätige Wirkung. Von 1568 auf 1569 beſchäftigte Lotter auch während des Winters acht Steinmetzen auf dem Baue. »Vnndt dieweil ſie geſehenn, heiſst es in ſeinem Berichte, das ich ihr bedarff, So machenn ſie mir eine Mauterey, Vndt Treybenn mir die Steinſpitzer denen ich Kellerſtuffenn vnndt ander mehr gemein Steinwerck zu ſpitzen verdinget, abe, Nehmenn ihn das getzeug vnndt ſagenn, ſie ſollenn das Steinhauen zuuorn Lernnen. Alfs habe ich ſie in die ſeſtenn neuen Geſengknufs, das itzundt der Greyff genanndt wirdet, inn gehorſamb einnehmenn laſſenn, Wie ſie denn ernſt geſehn, do habenn ſie wieder umb erledigung gebettenn, Sie wollen forthin Nun mehr fromb ſein, Vndt dieweil mann ſie auswintteret, So wolten ſie auff kunfftigenn ſruling bey dieſem Baw auch das Beſte thun«. Einen gleichen Erfolg erzielte Lotter durch ſein energiſches Auftreten, als im Sommer 1569 abermals die Steinmetzen rebellirten, weil man ihnen für die Pfingſtfeiertage keinen Lohn gezahlt hatte; allerdings hat ſein Verfahren in dieſem Falle einen etwas unangenehmen Beigeſchmack von Erpreſſung. »Als eur Churfurſtlich gnaden, ſchreibt er, von hina gereiſt ſein, Do kam ich in erfahrheitt das ſie zuwandern Alle willens werenn, Aus dem, das ich ihne die Feyertag nit Verlohnnen wolle, Vnndt als mir glauplich angetzeiget wirdet, das ſie die Meutterey antzurichtenn Vorhabenn ſein, So las ich ihnen ihr Lohnn gebenn, Vnndt als ſie denſelben Sonnabentt zu Behtt kohmmenn, ſo beſtelle ich, das ſie in der nacht nach Zwölff ohrenn aufgehabenn Vnndt zum gehorſam gebracht werdenn, Zw morgenft las ich ihn antzeigenn Ob ich wol das fie Solche Meutterey gemacht zu Straffen Vrfach hette, fo wol ich ihnen doch das dartzu kohmmenn laffen, do einer oder mehr euern Cuhrf. Gnaden zu Vntterthenigenn ehrenn bies vf negft kommende Michaelis Arbeitten Vndt des Baues auswartten wolle, fo fol der ledig gelafsenn werdenn. Aber fie vorhorchten vnndt Stundenn Alle vor einen man vnndt fagten, Sie hetten zue ihrem handtwergk gefchworenn frey zu fein, einem hern zu dienen, wehm fie woltten vnndt dechten fich mit Zwanck dauon nit abZuStehenn, Einsteils welche meines erachtens die Anfenger geweft, wolttenn zufagenn bies vff negft kommende Jacobi Zu Stehenn, Aber ich lies ihnen die Andtwordt gebenn, wann die Zeitt keme, fo folttenn fie ferner vmb erledigung bey mir Anfuchenn laffenn, Vnndt als fie das Vormergktenn, do wurdenn fie fpaltig, Vnndt ihr Zwen bewilligten fich baldt, wie oben gemeldt, das fie eur Chur F. G. zu Vnder Tenigenn ehren, des Baues bies vf Michaelis abwartten Unndt Treulich Arbeitten woltten, Vnndt obwol einer Vnder dem hauffenn gefagt hette, Ehe ehr Anders willigen woldt, ehr wolt ihm lieber den Kopff lafsenn Abhauenn, Als fie Aber inn der herbrich bies vf den Dinftag kegen dem Abent Verharttenn, Do haben fie fich Alle des, wie oben gemeltt bewilliget, Daruff hab ich fie auch als baldt auff ihre Zufage Vnndt gefchwornen Vfriedt ledig gelaffen, Vnndt ihnen zugefaget, Das ich fie fordthin lieber als zuuornn haben Vnndt allenn guttenn willenn ertzeigen wolle, itzt fagen fie wie ich hore felbft wiedereinander, wier habenn mit der fachen nit recht vmbgangen«.

Auch im Herbft 1570, als der Kurfürft bereits über die lange Dauer des Baues fehr ungehalten war, hatte Lotter wieder das Unglück, dafs ihm Maurer und Ziegeldecker davonliefen, »folchs macht bey den anderen Meurernn, wie zuerachtenn, ein böffe weittleufftigkeitt«; und als er endlich im Mai 1571, weil der Kurfürft nicht dazu zu bewegen war, die für die Vollendung des Baues ausgefetzte Summe zu erhöhen, fich keinen andern Rath wufste, als den Arbeitern eine Lohnherabfetzung anzukündigen, kam es nochmals zu einer aufgeregten Scene. »Vngeacht wir ihnen das Angetzeigt, fo Arbeiten fie fortt bifs auf den Sonnabent, Vnndt wie man Jhnen zulohnen Anfehet, do gehenn drey Mautmacher vor an, die hettenn die andern dohin gehalten, bey ihnen zuftehenn, Vnnd alfs fie das lohn bekhommen, fo werffen fie das geltt wieder auff den Tifchs, vnndt fagen, fie wollen Zwölff grofchen gelondt habenn, Vnndt machen der wohl bifs in Zweyhundert ein Aufftehen vnnd Mauterey, kommen mir fur das haufs vnndt wollen bezahldt fein, Alfo lafs ich ihnen Antzeigenn, das ich vor defs einem helffer habe Zwolff grofchen geben lafsen, das fey darumb gefchehen, das fie datzumahl Auff die gebeude bey Regennichten vnndt Vngeftumen wetterr grofse vnndt hohe geruft hinnauff habenn lauffenn muffen, fo fey Jtzund keine hew oder treidich erden (Ernte) vorhandenn, das ich genugfam Leudt habe, die mir gerne einen Tagk auf ebenner erden Zwanzig Pfennig nehmen wollenn, Derrwegen fo kudt ich ihnen nit mehr Lohns geben, vnnd fie bliebenn bifs eben fpät vor dem haus ftehenn, do liefs ich ihnen Antzeigen, fie folten fich trennen, aber ich wolt ihnen fuefs machen«.

Auch auf die Handwerksgebräuche jener Zeit fällt aus dem Lotter'fchen Briefwechfel hie und da einiges Licht. Die Sitte z. B., dafs der Bauherr, wenn er fich auf dem Bauplatze fehen läfst, von den Arbeitern »angebunden« wird und fich durch eine Spende loskaufen mufs, exiftirte fchon damals; im Juni 1569 trägt der Kurfürft Lottern auf, er möge »den Mauerern, fo feine Churf. G. vffm Baw mit der Schnur vertzogen vnnd auffgehaltenn, zwey fafs bihr Kauffen laffen«. Nicht ohne Intereffe ift auch Lotter's Bericht über die Grundfteinlegung. Er habe, fchreibt er am 30. März 1568, »aus guettem bedenckenn, Vngeachtet das es heint diefe Nacht fehr gefrohren Jm Nahmen des Allmechtigen aus belerung etzlicher gelartten der *Astronomiae* befundenn Das heutte Dienftag denn 30. dis Monats zum Anfange eines neuenn Gebeudes ein gelügfelliger Tag fein folle«, und fo habe er denn difen Mittag, »gahr ein wenig vor Zwölf Uhren Jn gegenwertigkeitt etlicher gutthertzigenn Perfonenn Die ich achte Das fie den Baw treulichenn fordernn werdenn mitt erinnerung Gott Zubitten Das folcher Baw zw feinem Gottlichenn lobe, Ehren, friede, vnndt allem guetten Angefangenn wolerbauet, vnndt verbracht moge werdenn, Denn erftenn ftein Jn grundtt gelegtt, Vnndt habe nach meiner einfaltt eine gedechtnusfchrieftt geftellett, deren E. Churf. G. Jch hiermitt Jnn Vnderthenigkeit eine Copia zufchicke, Vnndt E. Churfurftlich G. guldenne Muntze, wie die nach der eroberung Gotta gefchlagen darinne gefchloffenn, Jnn Kupfer verwahrett, vnndt mitte vormauernn laffenn, Vnndt ich habe niemandts dauon nichts vertrauett«. Die Copie der hier erwähnten Urkunde ift noch erhalten, hat aber, da fie zu den bereits bekannten Thatfachen nichts neues hinzubringt, weiter keinen Werth.

IX.

Lotter's Verarmung und Ende. Hieronymus Lotter d. J.

Der Schlufs von Lotter's Thätigkeit als Baumeifter bietet ein unerquickliches Bild. Obgleich er, glücklicher Weife, möchte man fagen, durch die gerade hier etwas lückenhafte Erhaltung des Lotter'fchen Briefwechfels in ein Halbdunkel gerückt ift, welches die Vorgänge mehr ahnen als klar erkennen läfst, fo kann doch kaum ein Zweifel darüber fein, welche Urfachen fchliefslich zufammengewirkt haben, um Lotter aus der fürftlichen Gunft zu verdrängen, in der er zwei Jahrzehnte lang fich unerfchüttert behauptet hatte. Kurfürft Auguft war unzufrieden, dafs die Erbauung des Siegesmonumentes, welches er felbft fich zu errichten befchloffen hatte, mehr Zeit und mehr Geld in Anfpruch nahm, als er gehofft hatte; daher die Vorwürfe, dafs Lotter »in den Tag« baue, ohne darnach zu fragen, wo das Geld herkomme, dafs er feine Aufgabe verfchleppe und das Geld »unnützlich verbaue«. Zum Verdrufs gefollte fich aber bald das Mifstrauen. Der Kurfürft fing an zu argwöhnen, dafs Lotter an den Baurechnungen fich bereichere, dafs er deshalb den Bau abfichtlich hinziehe und ungenaue Berichte über die Fortfchritte des Werkes einfende. Endlich aber wird wohl noch die Intrigue dazu gekommen fein. Das Verfahren des Kurfürften erfcheint trotz allem, was vorausgegangen, doch fchliefslich etwas vom Zaune gebrochen und darauf berechnet, Lotter los zu werden; hier hatte jedenfalls Rochus von Linar die Hand im Spiele. Lotter wäre nicht der einzige deutfche Baumeifter der Renaiffance, der durch einen wälfchen Eindringling von feinem Platze verdrängt worden wäre.

Dafs der Bau der Auguftusburg trotz aller Schwierigkeiten, mit denen Lotter zu kämpfen hatte, doch vielleicht etwas rafcher hätte gefördert werden können, mag wohl möglich fein; auch die Kurfürftin, die gewifs die wohlwollendfte Gefinnung gegen Lotter hegte, fand doch, dafs er »etwas lafs und vergeffen« fei. Ihn aber für unehrlich zu halten, dazu bieten die erhaltenen Schriftftücke auch nicht die leifefte Veranlaffung. Wenn jemand bei dem Baue fich für betrogen halten konnte, fo war es nicht der Kurfürft, fondern Lotter. Thatfache ift, dafs der reiche Leipziger Kaufmann und Baumeifter wenige Jahre nach der Vollendung der Auguftusburg — ein armer Mann war.

Der allmähliche Rückgang von Lotter's Wohlftand läfst fich mit Hilfe der Leipziger »Handelsbücher« ziemlich genau verfolgen. Der erfte nachweisbare Fall, wo Lotter fremder Geldmittel bedurfte, ift der fchon oben gelegentlich erwähnte aus dem Jahre 1563. Damals entlieh er von feinem Schwäher Am Steige — und zwar, was auf der anderen Seite wieder als ein Beweis feines bis dahin unerfchütterten Credits angefehen werden kann, ohne jede Schuldverfchreibung — 2000 Thaler zum Ankaufe eines Haufes. Er wurde aber auch, vielleicht nach feines Schwähers Tode, der Schuldner feiner Schwiegertochter Anna Am Steige, denn diefe überliefs ihm ihr ganzes eingebrachtes Ehegeld im Betrage von 3000 Gulden, und wie es fcheint, blieb er fogar bei feinem Sohne Albrecht, dem er jedenfalls die gleichhohe Summe als Mitgift bei der Verheirathung ausgefetzt hatte, mit einem Theile derfelben in Rückftand. Ein ähnlicher oder eigentlich noch bedenklicherer Fall trat im Jahre 1570 ein, bei der Verheirathung feines Sohnes Hieronymus mit Margarete Jenitz. Auf der Auguftusburg hatte Lotter mit dem Kammerfecretär Hans Jenitz ausgemacht, dafs von den Brautleuten jedes 2000 Gulden Mitgift erhalten follte. Jenitz zahlte auch feine 2000 Gulden bei der Hochzeit an Lotter, und diefer verpflichtete fich, diefe Summe ebenfo wie die feinem Sohne zu zahlende »an einen gewiffen Ort Inn handel oder fonft zu legen«. Dies gefchah aber nicht; vielmehr verwendete Lotter die Mitgift feiner Schwiegertochter im eigenen Intereffe, und feinem Sohne blieb er die verfprochene Summe fchuldig. Anfang der fiebziger Jahre wird es dann wohl gewefen fein, wo Lotter auch noch die Hilfe feines dritten Schwähers, des Rentmeifters Barthel Lautterbach, in Anfpruch nahm und auch von diefem 2000 Thaler vorgeftreckt bekam. Seinen Hauptgläubiger aber hatte er in der Perfon feines Mündels Hans Heinrich Bauer. Diefem borgte er im Laufe der fechziger und fiebziger Jahre nach und nach nicht weniger als 11,000 Thaler ab, das einemal, im Jahre 1573, 3000 Thaler, gegen die er fein Haus am Markte in Leipzig, »zwifchen Haufsen Canzlers vnd Chriftof Braunen feligen erben heufsern gelegen«, verpfändete.

Nun kann es freilich keinem Zweifel unterliegen, dafs diefe von Jahr zu Jahr fich fteigernde Verfchuldung Lotter's in erfter Linie mit feinen bergmännifchen Speculationen zufammenhing. Er hatte fich dem Bergbau in Geyer zu einer Zeit zugewandt, wo die reichfte Ausbeute deffelben bereits vorüber war und die Reinerträgniffe zu den aufgewandten Mitteln in keinem glänzenden Verhältnifs mehr ftanden. Daher ging er auch Ende der fechziger Jahre wiederholt den Kurfürften um günftigere Bedingungen für feinen Bergwerksbetrieb an. »Dieweil ich mich, fchreibt er im September 1568, des ortts alfs ein Berckmann, zum hochften vberbawett, fo bin ich in der vnderthenigftenn hoffnung geftanden Ewer Churfurftliche Gnaden wurde mir denfelbenn Lehennbrieff zu gelegenner Zeit gnedigft beffern, wie dan mein vnderthenigs Vertrawen noch dahin geftellt, dafs folchs ewer Churfurftliche Gnaden gnedigft thun werdenn, Vnndt habe ewer Churfurftlich gnaden deffelben lehennbrieffs mit A getzeichendt Copia hierJnne eingefchloffen, Vnndt bin der vnderthenigftenn hoffnung, Ewer Churfurftlich G. werdenn mich nit allein alfs einen diener, fondern alfs einen Bauendenn Berckman, der des orts Viel Armer Leudt erheltt, Wie ich dann wechentlich bifs inn Anderthalbhundertt gulden zuuerlohnen haben mufs gnedigft bedenckenn.« Darauf erwiederte ihm denn auch der Kurfürft: »Auff dein vnterthenigfte bith vnd erinnerung haben wir vnferm Cantzler befohlen, dir deinen Lehenbrieffe zu vorferttigen vnd fol dir darvon Ehe dan derfelbige volzogen, das Concept zugefertiget werden, dich darinnen zu erfehen«. Ob aber Auguft damals Wort gehalten, oder ob die Angelegenheit, ähnlich wie die »begnadung« für den Bau der Pleifsenburg, hingezogen wurde, bleibt fraglich. Wir hören nur, dafs Lotter im Januar 1571 für fich und feine Nachkommen das Privileg des freien Auf- und Verkaufs des auf dem Geyer gewonnenen Zinnes erhielt und in demfelben Jahre auch von dem Zehnten befreit wurde[31]).

Auf keinen Fall waren es jedoch die bergmännifchen Speculationen allein, die Lotter's Vermögen herunterbrachten, fondern andere, eben fo wichtige Urfachen kamen hinzu. Wenn es in Lotter's Beftallung zum Baumeifter der Auguftusburg heifst, dafs er wegen feines hohen Alters, »auch vielleicht anderer bedenckenn halbenn« fich anfänglich geweigert habe, den Bau zu übernehmen, fo ift es wohl nicht fchwer zu errathen, welcher Art diefe Bedenken gewefen fein mögen. Der Kurfürft hatte, was ja fehr begreiflich ift, bei der Übernahme des Baues die Bedingung geftellt, dafs der Baumeifter für die Dauer deffelben gänzlich von Leipzig nach Schellenberg überfiedeln follte. Die Befürchtung lag alfo nahe, dafs Lotter bei einer längeren Entfernung von Leipzig und einem dauernden Gebundenfein an dem Bauplatz auf der einen Seite feine kaufmännifchen Intereffen werde vernachläffigen müffen, auf der andern aber auch feinem Bergwerksbetrieb nicht die nöthige Theilnahme werde widmen können. Beide Befurchtungen waren durchaus gerechtfertigt. Zwar geftattete ihm der Kurfürft jedes Jahr, zu den drei Leipziger Meffen, zu Neujahr, Oftern und Michaelis, auf mehrere Wochen nach Leipzig zu reifen; »nach vleiffiger beftellung des bawes« — fo heifst es gewöhnlich in den Briefen des Kurfürften — folle es ihm freiftehen, »den furftehenden Leiptzigifchen marckt zu befuchen und feine aigene fachen zum beften zu beftellen.« Mit diefer Erlaubnifs war auch bei der damaligen Bedeutung der Leipziger Meffen, in denen ja im 16. Jahrhundert, in viel höherem Maafse als heutzutage, der Leipziger Handel culminirte, gewifs fchon fehr viel gewonnen. Die übrige Zeit des Jahres war Lotter aber doch genöthigt, die Wahrung feiner gefchäftlichen Intereffen feinen Söhnen zu überlaffen, und eine Gnade des Kurfürften blieb es immer, eine Gnade, die jedesmal auf's neue erbeten werden mufste, wenn es ihm geftattet wurde, wochenlang in Leipzig zuzubringen; feine Baumeifterthätigkeit mufste ihm vorgehen und ging ihm auch vor. Schreibt er doch, als der Kurfürft im Herbft 1569 gerade für die Zeit der Michaelismeffe feinen Befuch auf der Auguftusburg angemeldet hatte, dafs er in diefem Falle natürlich feinen Poften nicht verlaffen werde; »dan mir ift an meines Gnedigften herrn beuelh vnd fachen, mehr als an dem meinen gelegen, der margkt pleyb wo er wolle.« Seiner bergmännifchen Thätigkeit war Lotter durch die Überfiedelung nach Schellenberg allerdings näher gerückt: binnen wenigen Stunden konnte er von dort aus nach Geyer gelangen, und man follte meinen, dafs er von diefer Gelegenheit fo oft als möglich Gebrauch gemacht hätte. Dies ift aber nicht der Fall. Wie auch hier feine Briefe an Auguft beweifen, ging er höchftens zwei mal im Jahre, im Frühjahr und im Spätherbft, wenn er auf dem Bauplatze abkömmlich war, auf zwei oder drei Tage nach Geyer, und gewiffenhaft erbittet er fich auch hierzu ftets vom Kurfürften die Erlaubnifs. So reifte er z. B. im November 1567 »zu abwarttung vnd verrichtung feiner Bergkfach auffn Geyer«, nachdem er »alle notturft des Bawes durch einen Befelchhaber vnd einen Bawfchreiber wohl beftellet.« Im Mai 1568 war er wieder auf zwei Tage dort, weil er »ein alt kupper Bergkwergk gekaufft vndt daffelb ihm lehen entpfahenn muffen.« Dann bittet er fich erft zu Oftern 1569 wieder die Erlaubnifs aus, nachdem er »lange nit hie gewest.« Auf längere Zeit ging er im December 1569 hin, nachdem der Schlofsbau für dies Jahr eingeftellt war. Vorher aber hatte er, wie er dem Kurfürften zur Beruhigung fchreibt, »ein Kriegsmann der hatt dem Baw den Sommer vber fur ein beuelichsmann gedint, zu einem oberftenn gemacht Vnndt neben Zweyen Sefshafftenn mannen die Auguftuspurgk bey Tag vnndt nacht zubewachenn Vnndt Niemandts vordechtiges hinneinzulaffenn ernftlich beuohlen vnndt mit gelupnus angenommen.« Aus alledem geht hervor, dafs ihm feine einmal übernommene Verpflichtung über alles ging, und dafs er fein perfönliches Intereffe dem feines fürftlichen Herrn jederzeit bereitwillig unterordnete — felbft zu feinem eignen Schaden.

Wenn aber auch die Vermögensverhältniffe Lotter's Anfang der fiebziger Jahre keine fo glänzenden mehr waren, wie in feiner beften Leipziger Zeit, fo erfchienen fie doch noch nicht geradezu gefährdet. Noch im Frühjahr 1570 war er fo wohlhabend, dafs er vom Annaberger Rathe das Lehengut Schönfeld, eine Stunde von Annaberg gelegen, kaufen konnte, und die Thatfache, dafs er mit 76 Jahren im Jahre 1573 trotz feines Sträubens nochmals zum Bürgermeifter von Leipzig gewählt wurde, beweift doch auch, dafs an einen Ruin feines Vermögens damals noch niemand ernftlich glaubte. Eine wirkliche Gefahr trat erft dann an ihn heran, als es immer klarer wurde, dafs Kurfürft Auguft wohl nicht den guten Willen habe, Lottern die 15000 Gulden, welche diefer im letzten Jahre feiner Leitung des Schellenberger Schlofsbaues zugefetzt hatte, zurückzuerftatten. Im März 1572 hatte Lotter feine Baurechnungen zur Prüfung nach Dresden gefchickt; jahrelang wartete er vergebens auf eine Entfcheidung. Vogel hat die bei ihm wie gewöhnlich völlig zufammenhangslofe, in dem vorliegenden Zufammenhange aber fehr charakteriftifche Notiz aufbewahrt, dafs Auguft bei einem Aufenthalte in Leipzig im Sommer 1574 zum erften Male nicht bei Hieronymus Lotter, fondern im Renthaufe eingekehrt fei[31]). Damit ift deutlich ausgedrückt, dafs der Kurfürft Lottern aus dem Wege ging oder ihn wenigftens ignorirte. Die weitere Darftellung wird zeigen, dafs diefes Verhältnifs bis zu Lotter's Tode fortdauerte und dafs Lotter's gerechte Anfprüche niemals befriedigt worden find.

Noch ehe das Unglück über Lotter felbft hereinbrach, warf es fchon feinen unheimlichen Schatten voraus. Vom October 1574 ift eine Bittfchrift Anton Lotter's an die Kurfürftin Anna erhalten, worin diefer ihr klagt, er fitze in Leipzig im Schuldgefängnifs, weil er dem Bürger und Rathsherrn Ulrich Wolff 6000 Gulden schuldig fei; nun habe er fein Geld unter den Leuten ftehen und könne nichts einbekommen, auch habe er viel Schaden im Bergbau gehabt, »zween grofse Brandfcheden Jhn Sollichen Berckwerg Geliden, Welliche mitt Einner grofsen Summa geltts Widerumb Habenn Muefen Auffgebauett Werden«. Im Jahre darauf flüchtete fich Anton Lotter aus Leipzig. Zugleich mit ihm machte fich aber auch Albrecht Lotter feiner Schulden wegen aus dem Staube — unter andern hatte die Thomaskirche, an der er Kirchvater gewefen, 80 Gulden von ihm zu fordern — und ging nach Geyer, wo er eine Zeit lang auf dem Lotterhofe lebte, bis er von feinen Leipziger Gläubigern auch dorthin verfolgt wurde[32]). Wäre der alte Lotter damals noch im Stande gewefen, feinem Bruder und feinem Sohne zu helfen, fo hätte er es gewifs gethan; aus der Lage diefer beiden kann man auf feine eigne einen Rückfchlufs machen. In der That fchwebte auch über ihm bereits das Verhängnifs. Im Jahre 1575 fehen wir, wie einer feiner Verwandten nach dem andern fich rührt und entweder fein Capital von Lotter zurückfordert oder doch wenigftens für den Fall eines Bankerotts ficher zu ftellen fucht. Zuerft beantragte Barthel Lautterbach, dafs für die 2000 Thaler, die er von Lotter zu bekommen hatte, diefem fein Dorf Schönfeld abgepfändet werde. In feiner Bedrängnifs wandte fich Lotter im Auguft 1575 an feine fürftliche Gönnerin in einem flehentlichen Bittfchreiben, worin er ihr feine ganze traurige Lage enthüllt:

»Als mir — fo fchreibt er wörtlich — Churf. G. geliebter her vnnd gemahel, Mein gnedigfter her, vorfchiener Zeit mir auff dem Geyer gnedigft auff-

erleget, das ich Baumeifter auff der Auguftusburgk fein follte, do hab ich mich
meins obliegenden vnuermoglichen alters halben zum hochften befchwerdt,
Vnnd zum vnderthenigften dauor gebeten, Es haben aber fein Chur f. G. mich
defs nit erlaffen wollen, Nun wiffen fich E. Chur F. G. gnedigft zuerinnern, das
fie auff meinem Geyersbergifchen hof Jm kleinen fchreibftueblein zu mir gefagt
haben, du wolft das meinem hern nit abfchlagen, Ich wil es funderlich mit
allen gnaden gedencken vnnd dich nit vorlaffen, Demnach aber viel verenderung mit dem Baw furgefallen, wie eur Chur F. G. wohl bewuft, Darumb als
der mehr Vncoften hat auf gewandt mueffen werden, Welches meinen gnedigften heren, wie ich vormerckt, etwas verfihlt (zu viel wurde), So ich doch zu
Jeder Zeit nach der Vifierung anderft nit als mit vorwiffen vnnd beuehl gebaudt,
Solches ift mir in meinnem fo hohen alter zum hochften bekummerlich, das
ich mit guten gewiffen vnnd getreuen fleifs, forge, muhe, vnndt arbeit, Kranck-
heit der Gelnfucht, fo ich vonn dene Kallichgebeuden erlanget, Auch gefahr
leibs vnd lebens bey der muhtwilligen Purfch geftanden, nit mehr Gnad fol
vordindt haben, Wil gefchweigen, was nachteils vnd fchadens ich an meiner
Narung vnnd verfaumnus erlitten, vnnd were defs alles zufrieden, Dan ich bin
meiner hohen Obrigkeit zu dienen fchuldig, ob es gleich mit meinem fchaden
gefchicht. Unndt kan Jnn hochfter vnderthenigkeit Eur Chur F. G. nit vor-
halten, Das ich meinem Schweher dem Rentmeifter Zwey Tauffent Thaler
abgeporget, Vnnd findt dem, das ich defs baues kein beuehl mehr gehabt,
vortzinfet, vnnd in der vnderthenigften hoffnung geftanden, wann mein Baurechnung vmbgefchrieben, vnnd vberfehen, Jch wolt Jm vonn meinem aufs-
ftandt wieder betzahlen. Nun hat ehr bey Meinem Gnedigften herrn einen
gefchwinden beuehl aufsgebracht, das ihm der Schoffer auf dem wolckenftein
auf itzt negftkommende Bartholomei, vber mein dorff Schonfeldt, hulff vnnd
Einweiffung thun foll, fo ich ihme doch alhie do die Schuldt gemacht vnd
betzahlt fol werden, wol zuuorfichern habe, Dieweil ich aber itzt auf ein Eihl
zu folchem gelt nit wol kommenn kan vnnd mein furnembft vermuegen,
fo mir mein lebenlange zuerwerben fauer worden, das hab ich vntter meinen
gnedigften herrn auff den Geyer gewandt, vnnd allein fur mein Pergkwergk
Siebentauffent gulden betzahlt vnnd auff andere Lehengutter vnd gebeude
fampt dem Geyerfpergifchen hoff vber Zwantzigk Tauffent gulden vorbaudt,
Welches wie zubefcheinenn, viel eines mehrern werdt, das fol meinem Schweher,
wie ich mich defs albereit gegen ihm erboten, mit verpfendung vnnd Chur-
furftlicher gunft verpfendt werden, Davor wil ich ihnn Jerlich zehen vom hundert
von bemelts meins Pergkwergks nuzung reichen vnnd gebenn, Dann folt ihme
folche gefchwinde hulff vorftattet werden, fo brecht ehr mich vmb meinen
trauen und glauben, in die hochfte verachtung das were Je zwifchen freunden
ein befchwerlich ding, Welches Eur Chur F. G. bey ihrem geliebten hern vnnd
gemahel, meinem gnedigften herrn wol zuerhalten, das vber folch mein er-
bietenn die beuohlen hulff mocht eingeftelt werdenn. Was aber meine Baw-
rechnung anlanget, do hat mein Gnedigfter herr die gnedigft vortroftung gethan, das fein Chur F. G. die vorordnung thun wollen, das mein vbergebene

Rechnung durch Jhrer Chur F. G. Rehte vnnd diener, fo der ding vorftendig notturfftig vberfehen werden mochte. Vnnd gelanget an eur Chur. F. G. mein underthenigfte bitt, Eur Chur. F. G. dafselb bey ihrem geliebtenn herrn vnd gemahel, Meinem gnedigften herrn auch gnedigft befordern, das ich bey vberfehung der Rechnung fo viel muglich, was die angetzogene mengel anlangen vnderthenigft, fein vnnd bericht thuen moge, gnedigft nachlaffen woltten (sic), Dann Gott weifs, ich bin defs Baumeifterampts halber in groffe befchwerung kommen, Vnnd ich forge vmb keine belohnung gar nit, dann es ift im reich kein herr, der feinen diener dermaffen lohnt, Wann ich allein gehör vnnd mit gnedigenn augen mocht angefehen werden, Es foll auch hinwieder bey mir alle Erbarkeit befunden werden, Vngeacht böefer menfchen benachteilligung, Vnnd bleibe der altte treue vnderthan, Vnnd beuehl mich Gott vnd eur Chur F. G., Jnn hoffnung fie werden mich noch nit vorlaffen.«

Dem Beifpiele Lautterbach's folgten bald auch die übrigen Verwandten. Im December 1575 verlangte Anna Lotter nachträglich eine Schuldverfchreibung von ihrem Schwiegervater über die 2000 Thaler, die ihr inzwifchen verftorbener Vater ihm 1563 zu dem mehrfach erwähnten Hauskaufe geliehen hatte. Gleichzeitig mufste Lotter feinem Sohne Hieronymus für die 2000 Gulden, die er diefem zu feiner Verheirathung verfprochen, aber nicht ausgezahlt hatte, und für die weiteren 2000, die er damals von Hans Jenitz empfangen und die bisher ebenfalls feiner »gemeinen gütte erfitzen blieben«, ein ihm gehöriges »ftück holtz Im Rofenthal« und fein ganzes Befitzthum auf die »alten Burg« verpfänden. Der härtefte Schlag aber traf ihn im Jahre darauf. Im Mai 1576 wurde fein Haus am Markte in Leipzig »neben Hanfen Cantzlers Haufe gelegen fampt den beyden mitheufern vnnd aller zugehörung, fampt allem dem, was darinnen erdt, wiede (sic) vnd nagelfeft ift, auch etlichem haufsrat vormoge eins aufgerichtenn VorZeichnufs« an Peter Buchner für 7000 Gulden verkauft. Von der Kauffumme aber, welche baar bezahlt wurde, kam nicht ein Pfennig in Lotter's Hände; 3000 Gulden erhielt Anna Lotter, die übrigen 4000 wurden vorläufig beim Rathe niedergelegt und im Auguft an Hans Heinrich Bauer ausgezahlt. Anna Lotter, die in dem Haufe wohnte, weigerte fich, zu dem Verkauf ihre Einwilligung zu geben, weil die Kauffumme nach ihrer Meinung zu niedrig war. Der Rath beftätigte aber den Handel, weil fie keinen Käufer fchaffen konnte, der mehr gezahlt hätte, »fonderlich pargeld«.

Nach diefem letzten Verluft Lotter's war in Leipzig nicht länger feines Bleibens. Er wandte der Stadt für immer den Rücken und fiedelte nach feinem ihm noch gebliebenen Lehenhofe in Geyer über, um dort den Reft feiner Tage zu verbringen. Dort fcheint er ziemlich vereinfamt gelebt zu haben. Seine Frau, Katharina, die ihn fonft treulich überallhin begleitet hatte und die felbft während des Auguftusburgbaues mit ihm nach Schellenberg übergefiedelt war, war fchon 1574 in Leipzig geftorben [33]), vermuthlich nach langer Krankheit. Wenigftens fchreibt Lotter fchon im Winter 1567 von Schellenberg aus an feinen Schwäher Lautterbach: »Mein Weib hat ein ftuck vom Zipperlein alhie bekomen, aber ehr fteldt fich als wol er wider wandern,

Es kompt Jr gemeinklich Jm Jar ein molh«, und im Mai 1571 berichtet er an den Kurfürften von Geyer aus, nachdem er um die Erlaubnifs gebeten, zur Oftermeffe nach Leipzig zu reifen: »Derwegen fo wil ich heudt von hinna auf fein, vnndt meine Liebe alte, die mir kränk ift, mit mir dahin führenn, Dan fie begeret dofelbften am liebften zwfterben, Das kan mir wohl fo balde alfs ihr, widerfahren.« Lotter überlebte feine Frau um fechs Jahre; er ftarb auf dem Lotterhofe in Geyer am 24. Juli 1580 in einem Alter von 83 Jahren [31]).

Ob er bei feinem Tode noch Befitzer des Lotterhofes war oder ob er auch deffen fchliefslich noch verluftig gegangen, ift nicht mit voller Sicherheit zu entfcheiden. Nach einer fonft gut verbürgten Nachricht war der Lotterhof fchon 1576 in die Hände eines bei Kurfürft Auguft angefehenen Kaufmanns und Bürgers von Leipzig, Hans Fuchs, übergegangen [35]). Dem widerfprechen jedoch auf's beftimmtefte zwei Briefe Lotter's vom April und Auguft 1578 an die Kurfürftin Anna, aus denen hervorgeht, dafs Lotter noch damals nicht nur »vff dem Geyerfperger hoff« wohnte — was nie bezweifelt worden ift —, fondern dafs er fich auch als deffen Eigenthümer betrachtete. Das einemal fchickt er, wie er auch früher fchon öfter gethan, der Kurfürftin »Eine fchone Ertzftlueffen Jn einem Kober verpecirt« zum Gefchenk und fügt ein Schreiben bei, welches er fie bittet ihrem Gemahl »zu gelegener Zeit zu vberantwurdten«; er hoffe, die Kurfürftin werde ihn in feinem hohen Alter nicht verlaffen — ein unverkennbarer Hinweis darauf, dafs Lotter auch jetzt noch fein zugefetztes Geld nicht zurückerhalten hatte. In dem andern Briefe fchreibt er, er habe gehört, dafs der Kurfürft in einigen Tagen zur Jagd in's Erzgebirge kommen werde. »Wo nuhn dem alfo, fo hab zu ihren Churf. G. ich noch das altte vnderthenigfte vortrauen, man werde wie zuuorn auch gefchehen, in meinem Geyerfpergifchen hoff, aus gnaden, vnd gnedigftem bedencken, das folcher hoff nit mitt geringftem vncoften, furnemblig vmb meines lieben Landtsfurften willen erbauet, das zu derfelben gnedigfter gelegenheit vnd gefallen alda könne eingetzogen werden, Dan ob wohl S. Churf. G. mich felbft des gnedigft befreihett, vnd mihr erlaubt das ich aus Leipzigk ziehen, vnd folchenn hoff bewohnen, mein lehen, Erbguetter, vnd grofs Bergkwerk daraus zubeftellen, Wan ich des aber zuuorn gnedigft bericht, fo fol vnd wihl ich mich deffen vngeacht, die gemach zureumen, vnd darauff zurichten zulaffen, vnderthenigft ertzeugen«. Eine zweite Nachricht lautet dahin, dafs Lotter zwar 1579 fein Geyersbergifches Bergwerk habe verpfänden müffen, dafs aber erft feine Söhne Albrecht und Hieronymus im Jahre 1599 tief verfchuldet den Lotterhof an dem böhmifchen Edelmann von Stammbach auf Tanneberg hätten verkaufen müffen [36]). Diefe Notiz ift zwar im Einzelnen ungenau — Hieronymus z. B. war 1599 längft geftorben — fcheint aber doch in der Hauptfache das Richtige zu enthalten.

Soviel ift ficher, dafs Lotter nicht, wie hie und da wohl behauptet worden ift, in totaler Armuth ftarb, wenn er auch im Vergleiche zu der um zwei Jahrzehnte zurückliegenden Zeit, wo er in Leipzig als kurfürftlicher und ftädtifcher Baumeifter florirte, feine letzten Lebensjahre — dank der in das bequeme

Gewand fürftlicher Ungnade fich hüllenden Kargheit und Halsftarrigkeit Augufts — in gedrückten Verhältniffen verbrachte. Von den drei Söhnen Lotter's wird Albrecht, nachdem er Leipzig und feine Familie im Stiche gelaffen, wohl in Geyer eine Zeit lang um den Vater gewefen fein; wann und wo er ein Ende genommen, ift unbekannt. Die beiden andern Söhne blieben in leidlich guten Verhältniffen in Leipzig zurück. Ludwig wurde 1575 im Leipziger Rathe zum »Baumeifter« gewählt; als folcher fungirte er 1584 bei dem von Georg Richter geleiteten Bau der Johanniskirche. Im »Handelsbuche« von 1579 erfcheint er als Befitzer des Eckhaufes an der Katharinenftrafse, welches der alte Lotter fich dreifsig Jahre früher erbaut hatte. Er ftarb am 17. November 1599. Der jüngfte Sohn Lotter's, Hieronymus, mufs feit dem Anfange der fiebziger Jahre bedeutender in der Bürgerfchaft hervorgetreten fein, denn im »Handelsbuche« von 1573 wird der Vater, um Verwechslungen mit dem gleichnamigen Sohne zu vermeiden, zum erften Male »der Elder« genannt. Im Jahre 1577 wurde er als letzter Rathsherr in den Rath gewählt, ftarb aber fchon am 2. Januar 1584.

Hieronymus Lotter d. J. verdient eine etwas eingehendere Behandlung, da er der eigentliche Geifteserbe feines Vaters gewefen zu fein fcheint. Dafs er als Baumeifter dem alten Lotter an Tüchtigkeit nicht nachftand, an Gefchmack ihn vielleicht übertraf, beweift fchon der eine Leipziger Bau, der ihm mit Beftimmtheit zugefchrieben wird: das fogenannte Fürftenhaus auf der grimmaifchen Strafse, welches fich der Leipziger Rathsherr Dr. Georg Rothe († 1594) im Jahre 1575 erbaute[37]). Diefes Gebäude ift, wie bereits oben in der Einleitung gelegentlich hervorgehoben wurde, unftreitig die anziehendfte Schöpfung der ganzen Leipziger Renaiffancearchitektur. Es befteht aus zwei urfprünglich gleichlangen, einfchliefslich des Dachgefchoffes drei Stockwerke hohen Flügeln, die im rechten Winkel auf einander ftofsen. Dem freiftehenden Giebel des an der grimmaifchen Strafse liegenden Flügels entfpricht ein vor das Dach gefetzter Ziergiebel auf der Univerfitätsftrafse, und mit drei gleichen Ziergiebeln ift auch die Hauptfaçade an der grimmaifchen Strafse gefchmückt. Die einzelnen Stockwerke find durch einfache Glieder getrennt, die Fenfter meift paarweife gruppirt, abgefaft und im obern Theile von Rundftäben umgeben, das Dachgefims wird durch feine Confole belebt. Die in drei Etagen abgeftuften Giebel find durch Zahnfchnittfimfe gegliedert und im untern Theile von Pilaftern eingefafst, während die oberfte Partie in den Ecken flügelartige Füllungen mit Fifchköpfen und daneben, fowie auf der Spitze des Giebels, kleine Poftamente zeigt, die urfprünglich jedenfalls irgend eine Bekrönung trugen. Auf der mitgetheilten Abbildung hat der Zeichner, in der Meinung, dadurch die urfprüngliche Befchaffenheit des Gebäudes herzuftellen, auch im Erdgefchofs anftatt der Gewölbe nur Wohnräume angebracht. Diefe Reconftruction ift jedoch nicht nur durch nichts verbürgt, fondern auch bei einem an der Hauptverkehrftrafse Leipzigs liegenden Haufe fehr unwahrfcheinlich; eine Abbildung aus dem Anfange des 18. Jahrhunderts zeigt auch bereits die Gewölbe[38]). Rechts von dem gänzlich fchmucklofen Bogenportal fpringt confoltragend in geduckter Stellung Kopf und Bruft einer weiblichen Figur mit Ringellöckchen und Flügeln an den Schultern aus der Mauer hervor. Aus

Das Fürftenhaus in Leipzig.

dem gewölbten Flur gelangt man rechts in den Treppenthurm mit Wendeltreppe. Das Ganze zeigt bei aller Einfachheit doch eine unläugbare Feinheit der Behandlung, die von der derberen Art des alten Lotter fühlbar abfticht.

Was aber dem Gebäude feinen eigentlichen Reiz verleiht, das find die beiden runden Erkerthürme, von denen die Façade flankirt wird, an Reichthum und fein erwogener Gliederung der Ornamentik wahre Prachtftücke von Steinmetzarbeit. Beide find im Aufbau einander völlig gleich, in den ornamentalen Details aber vielfach von einander abweichend. Der Fufs ift von unten nach oben vierfach gegliedert: durch einen mit Buckeln ornamentirten Wulft, darüber vorfpringend Rundbogenfries, Eierftab, endlich triglyphirte Confolen abwechfelnd mit diamantirten Steinen. Auf den Confolen ruht die umlaufende Deckplatte, von welcher die das erfte Stockwerk gliedernden dorifchen Pilafter mit facettirten Poftamenten aufftcigen. Zwifchen den Pilaftern, die im untern Stockwerk mit Flechtwerk, im oberen mit Blattranken ornamentirt find, liegen die Fenfter mit ihren Brüftungen. An den letzteren erblickt man im erften Stock drei Wappen, im zweiten drei Bruftbilder, zwei bärtige männliche an den Seiten und ein weibliches oder jugendlich männliches in der Mitte, in viereckigem oder rundem Rahmen und von aufgerolltem Ornament eingefafst, Wappen wie Porträts überdies nochmals durch niedrige, mit geflochtenem oder

Vom Erker des Fürftenhaufes.

fchuppenartigem Ornament gefüllte Pilafter umgeben. Über den Fenftern zwifchen den Pfeilercapitälen läuft in beiden Stockwerken, auf je drei Cartouchen vertheilt, eine Infchrift um, im erften Stock:

TVRRIS FOR ‖ TISSIMA NO ‖ MEN DOMINI

im zweiten:

BEATI OMNES ‖ QVI CONFI ‖ DVNT IN EO.

Den Abfchlufs über den Capitälen bildet beidemal ein Fries, der im untern Stock abwechfelnd aus Triglyphen und von Rollwerk eingerahmten diamantirten Steinen gebildet wird, im obern eine elegant ftilifirte Pflanzenranke zeigt, und über denen ein Kranz von feinen Confölchen unten zum nächften Stockwerk überleitet, oben das gefchweifte Dach aufnimmt. Die technifche Behandlung diefer reichen und doch keineswegs überladenen Ornamentik zeugt von gröfster Sauberkeit und Pracifion, die Erhaltung ift eine ganz vortreffliche. Glücklicher Weife ift der Meifter diefer beiden Prachtftücke bekannt. An dem an der Univerfitätsftrafse befindlichen Erker ftehen im Fries des erften Stocks zu beiden Seiten eines mit grofsem Steinmetzzeichen verfehenen Steines die beiden Buchftaben P W. Ihre Deutung kann keinem Zweifel unterliegen: der Steinmetz war Paul Widemann, derfelbe, der mit dem alten Lotter fchon am Leipziger Rathhaufe und auf der Auguftusburg zufammen gearbeitet hatte und der hier nun, allerdings auf wefentlich fortgefchrittener Stufe, auch in gemeinfamer Thätigkeit mit dem jüngeren Lotter erfcheint.

Den Namen »Fürftenhaus« leitet die Leipziger Localgefchichte davon her, dafs im Jahre 1612 die vier Altenburgifchen Prinzen, die damals auf der Leipziger Univerfität ftudirten, in diefem Haufe gewohnt haben follen. Im Jahre 1648 wurde es von feinem damaligen Befitzer, dem Oberftleutnant Wolfgang Meurer, deffen Vermögensverhältniffe im 30jährigen Kriege herabgekommen waren, gegen eine Leibrente an die Univerfität abgetreten und vier Jahre darauf durch den Kurfürften von Steuern befreit. Auf diefe Vorgänge bezieht fich die über dem Eingange befindliche, von vier Wappen umgebene Infchrift: DEO ET SERENISS. SAX. ELECT. JOH. GEORGIO BENIGNITER ANNUENTIB. AEDES HAE PRINCIP. EX LIBERALI ET PIA DONATIONE NOB. WOLFG. MEURERI VICEDUCIS D. XIII. JULII AO. MDCIIL AD ACADEMIAM REDIERUNT ET PER . . . . D. XXIX. JULII AO. MDCLII BENIGNISSIME COLLATUM NOVA CEPERUNT INCREMENTA. UTROQ. TEMPORE SCEPTRA TENUIT ACADEMIA RECTOR D. JOH. ITTIGIUS FRANCO P. P. Die fehlenden Worte find jedenfalls getilgt worden, als man fpäter den Verfuch machte, dem Fürftenhaufe fein Privileg wieder zu entziehen. Die vier bunten Wappen, welche die Infchrift einfaffen, find: oben das kurfürftlich fächfifche, links das des Stifters, rechts das feiner Frau Elifabeth Scholaftica geb. von Mergenthal, unten das Rectoratswappen der Univerfität [30]).

Hieronymus Lotter d. J. war aber nicht blofs Baumeifter, wie fein Vater, fondern auch Maler, wenn auch als folcher nicht bedeutend. In der »Rathsftube« des Leipziger Rathhaufes hängt von feiner Hand auf Holz gemalt eine kleine Auferftehung (mit Rahmen 31 Cm. hoch, 23 Cm. breit, ohne Rahmen 19 Cm. hoch, 11 Cm. breit) nach dem gewöhnlichen Schema der Cranach'fchen Schule. Chriftus fchwebt in einem Glorienfcheine, der die ganze Geftalt umgiebt, über dem Grabe; die rechte Hand deutet nach oben, die linke trägt die Siegesfahne. Vor dem Grabe ftehen zwei Kriegsknechte mit heftigen, aber fteifen Geberden des Erftaunens. Das Bild ift ziemlich roh und flüchtig gemalt, ift aber auch eigentlich nicht das Bild felbft, fondern gleichfam nur der Vorhang deffelben; es läfst fich nämlich nach oben wie ein Kaftendeckel aus dem Rahmen herausziehen, und dahinter wird nun erft auf einer zweiten Holztafel das wefentlich forgfältiger ausgeführte Hauptbild fichtbar: ein Porträt des alten Lotter, ein Jahr vor feinem Tode gemalt. Lotter erfcheint hier, ebenfo wie auf dem zehn Jahre früher entftandenen Pegauer Bilde, in ganzer Figur und ift mit einem um die Schultern gehängten fchwarzen Pelzmäntelchen, deffen Kragen heraufgefchlagen ift und das nicht ganz bis an die Kniee herabreicht, mit fchwarzen Kniehofen, Strümpfen und Schuhen bekleidet. An der Seite trägt er den Degen, die linke Hand, die unter dem Mantel hervorblickt, hält den Hut. Die ganze Geftalt erfcheint von der Laft der Jahre etwas vornüber gebeugt, der Kopf zeigt nicht mehr den vollen Haarfchmuck des Pegauer Bildes, fondern fpärliches, kurzgefchnittenes Haar, aber einen weit auf die Bruft herabhängenden Bart. Auch der Gefichtsausdruck trägt die Spuren des Alters; zwar liegt um Mund und Nafe ein Zug von Feftigkeit, aber die müde herabhängenden Augenlider geben dem Blick etwas Stumpfes und Blödes. Auf dem fchwarzen Rahmen des Bildes find oben zwei bunte Wappen dargeftellt, an den Seiten links die »erhöhte Schlange«, rechts Chriftus am Kreuze — offenbar mit Bezug auf Ev. Joh. 3, 14 —, weiter unten links ein emporgerichtetes rothes Schwert, rechts eine auffpriefsende Lilie, die Symbole der Strenge und Milde, die beim jüngften Gericht gegen die Gottlofen und die Frommen geübt werden foll, und die ganze untere Seite des Rahmens füllt die dreizeilige Infchrift:

REINE · LEHR · GVTTER · FRID · VNND · EIN · ALDTER · WEISSER · RH(AT)
GEFELT · GOT · DEN · MENSCHEN · VNND · ZIERD · DIE · STATD.
HIERONYMVS LOTTHER IVNIOR FECIT · ET · INVENTOR · A. DOMMINI 1579.

Dafs die dargeftellte Perfönlichkeit wirklich der alte Lotter fei, ift freilich nirgends angedeutet. Eine Infchrift, die auf der Bildnifstafel felber fteht, und zwar über dem Kopfe: ANNO. AETATIS. LXIX:, zu Füfsen: ANNO. 1580, fcheint fogar direct dagegen zu fprechen. Diefe Infchrift ift aber unzweifelhaft bei einer fpäteren Reftauration des Bildes zugefetzt von jemandem, der fich nicht einmal die Mühe nahm, die echte Infchrift auf dem Rahmen genau anzufehen. Die ununterbrochene Tradition hat den Alten im Pelzmantel nie für jemand anders erklärt, als für den »Erbauer des Leipziger Rathhaufes«. Jedenfalls liefs Lotter noch in feinem 82. Jahre im Vorgefühle des nahen Todes — worauf die ganze fymbolifche Einkleidung hindeutet — das Bild von feinem Sohne malen und dem Rathe als Zeichen der Erinnerung übergeben. Der vorn mitgetheilte Holzfchnitt bietet — in unbedeutender Vergröfserung — eine treue Nachbildung des Bruftftückes [10]).

Hiermit find die Nachrichten erfchöpft, welche über das Leben und die Thätigkeit Hieronymus Lotter's gegenwärtig zugänglich find. Das Bild, welches fich aus ihnen gewinnen läfst, ift gewifs ein fehr lückenhaftes; beginnen doch die Quellen erft etwas reichlicher zu fliefsen, als Lotter fchon weit über

SCHLUSSWORT.

die Fünfzig hinaus ift, während man für die früheren Jahre feines Lebens fich mit fporadifchen, weit auseinander liegenden Notizen begnügen mufs. Bis zu einem gewiffen Grade fcheint aber doch diefe Befchaffenheit der Quellen dem Lebensgange Lotter's zu entfprechen; denn wenn er auch in feinen jüngeren Jahren, ehe er kurfürftlicher und ftädtifcher Baumeifter war, manchen Privatbau aufgeführt haben mag, von dem keine Kunde zu uns gedrungen ift, manchen, der vielleicht noch wohlerhalten ift, ohne dafs wir ein Werk Lotter's in ihm erkennen, fo fcheint doch feine Hauptthätigkeit in der That erft in einem Alter begonnen zu haben, wo anderer Menfchen Thätigkeit gewöhnlich zu Ende geht.

Eine echte Kerngeftalt mufs der alte Meifter gewefen fein. Wer vermuthet von den harten und knorrigen Zügen mit dem kühn und ficher gefchwungenen Initial, die vorn unter feinem Bilde wiedergegeben find, dafs dies die Handfchrift eines 71jährigen Mannes ift? Seine Begabung freilich reichte wohl nicht über ein mittleres Maafs hinaus, obgleich man bei feinen Leiftungen nicht vergeffen darf in Anfchlag zu bringen, dafs er ftets mit knapp zugemeffenen Mitteln arbeitete; aber ficherlich war er ein trefflicher Charakter, voll Pflichtgefühl, treu, anhänglich, ergeben und vor allem gutherzig — bis zur Schwachheit. Wenn er auch gelegentlich feinem fürftlichen Herrn mit freimüthigem Scherze eine Neckerei heimzahlte, wie jenen Vergleich mit dem alten Griesgram Hildebrand aus dem Märchen[41]), fo wagte er es doch nicht, unbillige Forderungen männlich von der Hand zu weifen. Im hohen Alter noch wurde ihm eine Aufgabe zugemuthet, von der er fich felber fagen mufste, dafs er ihrer befriedigenden Durchführung nicht mehr gewachfen fein werde. Um die Gnade feines Fürften fich zu erhalten, übernahm er die Aufgabe, und die Folge war: er verfcherzte fich die Gnade, die er fich zu bewahren ftrebte. So liegt faft etwas Tragifches in dem Ende diefes einfachen und tüchtigen Mannes.